Kauderwelsch
Band 227

Mallorca? – Hamburg, Elbstrand!

Impressum

Hans-Jürgen Fründt
Hamburgisch – Wort für Wort
erschienen im Reise Know-How Verlag Peter Rump GmbH
Osnabrücker Str. 79, D-33649 Bielefeld
info@reise-know-how.de

1. Auflage 2013

Bearbeitung & Layout Christine Schönfeld
Layout-Konzept Günter Pawlak, FaktorZwo! Bielefeld
Umschlag Peter Rump (Titelfoto: © Steffbiene@fotolia.com)
Fotos Hans-Jürgen Fründt, Susanne Muxfeldt
Druck und Bindung Fuldaer Verlagsanstalt GmbH & Co. KG, Fulda

ISBN: 978-3-89416-716-5
Printed in Germany

Dieses Buch ist erhältlich in jeder Buchhandlung der BRD, Österreichs, der Schweiz und der Beneluxländer. Bitte informieren Sie Ihren Buchhändler über folgende Bezugsadressen:
BRD Prolit GmbH, Postfach 9, 35461 Fernwald (Annerod)
sowie alle Barsortimente
Schweiz AVA-buch 2000, Postfach 27, CH-8910 Affoltern
Österreich Mohr Morawa Buchvertrieb GmbH,
Sulzengasse 2, A-1230 Wien
Belgien & Niederlande Willems Adventure, www.willemsadventure.nl
direkt Wer im Buchhandel kein Glück hat, bekommt unsere Bücher zuzüglich Porto- und Verpackungskosten auch direkt über unseren Internet-Shop: ***www.reise-know-how.de.***

Kauderwelsch

Hans-Jürgen Fründt

Hamburgisch

die Sprache an Elbe und Alster

Reise Know-How
im Internet
www.reise-know-how.de
info@reise-know-how.de

Für Smartphone-Benutzer
(QR-Code mit einer App scannen)

Weitere Infos!

hamburgisch.reise-know-how.de

Kauderwelsch-Dialektführer sind anders!

Warum? Weil sie die Zugereisten – egal ob touristisch oder beruflich – in die Lage versetzen, das Kauderwelsch der alteingesessenen Bewohner vor Ort mit all seinen fremdartig und zuweilen lustig klingenden Lauten und Ausdrücken wirklich zu verstehen, und sich gekonnt in die **Lebensart, das Lebensgefühl, die Lebensphilosophie** der Menschen vor Ort einzufühlen. Denn ein Dialekt ist nie nur eine andere Art zu sprechen, sondern der Spiegel einer anderen Art zu denken, fühlen, genießen, leben und lieben.

Wir verzichten daher auf lange sprachwissenschaftliche Abhandlungen über die Herkunft des Dialektes und kommen nach den **grundlegenden lautlichen und grammatikalischen Unterschieden** gleich zu dem, was Alteingesessene auf der Straße und zu Hause sprechen. So wird es ein Leichtes, dem Charme des trockenen Humors und der bildreichen Sprache der deutschen Dialekte und Mundarten zu erliegen.

Die **Autorinnen und Autoren** werden Sie immer wieder zum Schmunzeln bringen und gekonnt Mentalität und Lebensgefühl des jeweiligen Sprachraumes vermitteln. Es erwarten Sie sprachliche Leckerbissen, gespickt mit **umgangssprachlichen Floskeln, Redewendungen und lockeren Sprüchen,** die den Mutterwitz der Bewohner charakterisieren.

Glücklicherweise gibt es noch Menschen – alt und jung, Zugereiste oder Alteingesessene – , die das **Hochdeutsche** mit Liebe links liegen lassen und Ihnen mit einer gehörigen Portion Dialekt einige Rätsel aufgeben. Das gilt natürlich auch für **Wienerisch** oder **Schweizerdeutsch**.

Und weil's so schön ist, erfreut sich manch ein Dialekt auch weit über die eigentlichen Sprachgrenzen hinaus großer Beliebtheit, wie etwa **Kölsch,** die Sprache der Domstadt am Rhein, oder **Berlinerisch** – man denke da nur an Kennedys Ausspruch „Ick bin ein Berliner", oder auch **Sächsisch,** das nach der Wende besonders oft scherzhaft nachgeahmt wurde.

Inhalt

Die lockere Sprache des Alltags

Anhang

Voahwot

Lang, lang ist's her. Passierte sozusagen in einem anderen Leben. Damals schlug sich der Autor als junger Student durch die Hamburger Uni. Und wie das so ist, manchmal hockt man als Studiosus lieber in der Kneipe als im Seminar. So auch damals. An einem verregneten Juni-Nachmittag. Statt eines Proseminars Goethe in Weimar lieber ein Prosit auf Gyros aus Griechenland. Soweit so normal. Aber gleich nach meiner Bestellung kam das Bemerkenswerte, das ich bis heute nicht vergessen kann. Der griechische Wirt sagte mir auf den Kopf zu: „Du stammst nicht aus Hamburg." Ich war baff. Denn das stimmte zwar, aber mein Heimatort liegt gerade mal 35 Kilometer von der City entfernt. Woher weiß der das? „Klar doch", grinste der Wirt, „das hört man." Ich war doppelt baff. Gibt es wirklich so eine feine sprachliche Grenze, dass jemand, der knapp außerhalb des Stadtgebietes aufwächst, schon eine so deutlich anders gefärbte Sprachmelodie hat?

Ich hätt's erst nicht für möglich gehalten, aber so ist es wirklich. Er hatte mich ja nur an der Sprache als **Butenhamburger** erkannt. Mein Interesse war erwacht – das Ergebnis halten Sie hier in den Händen. Viel Spaß beim Lesen und Ausprobieren,

Hans-Jürgen Fründt

Hinweise zur Benutzung

Tatsächlich ist Hamburg heute ziemlich groß (755 km^2, zum Vergleich: Berlin 891 km^2), aber das noch nicht allzu lange.

1937 integrierten die Nazis die damals selbstständigen Städte Altona, Wandsbek und Harburg-Wilhelmsburg ins Stadtgebiet, die Gesamtfläche wuchs beträchtlich, Hamburg hatte plötzlich eine halbe Million Einwohner mehr. Aber das eigentliche Zentrum mit Hafen und den Fabriken in Altona blieb überschaubar, und vor allem dort wurde das breite Hamburgisch gesprochen. Manche der Neubürger nahmen es an, andere nicht, in den Randgebieten schwächte es sich schon etwas ab. Auch deshalb hört man heute Hamburgisch mal stärker, mal schwächer gesprochen im ganzen Stadtgebiet.

Hamburg boomt! Immer mehr Touristen besuchen die Hansestadt, verbringen ein langes Wochenende oder gar einen Kurzurlaub in der Elbmetropole. So **bummelig** 10 Millionen Übernachtungen sollen es nun schon sein. Jahr für Jahr. **Dasissochwas!** würde der Hamburger sagen, genau, *das ist doch was!* Die Reeperbahn, die Musicals, der HSV (oder der FC St. Pauli, je nachdem), der Hafen, das Nachtleben, die Großveranstaltungen wie Marathon, Triathlon, Schlagermove, Dom. Genügend Gründe also, um **mah nach Hambuich zu fahn,** *mal nach Hamburg zu fahren.* Und was ist mit den Menschen? **Tüülich,** die auch. *Natürlich*, wie auch nicht! Denn auch dies ist vielleicht ein Lockmittel: Die Hamburger sprechen keinen unverständlichen Dialekt wie etwa die, na-Sie-wissen-schon-wer ... **Wia wolln hia kain nich diskriminian, wolln wia nich!** Die Sache mit dem guten Verstehen klappt tatsächlich prima, man versteht sie schon, die Hamburger, **in ech, du.** Aber wenn sie denn doch mal so richtig schön breit **Hamboogisch schnacken,** muss man doch ein wenig die **Oahn aufspehn** *(die Ohren aufsperren).*

Wir versuchen in diesem Büchlein die heute in Hamburg gesprochene Sprache abzubilden. Und das ist Hochdeutsch mit einer sehr speziellen Sprachmelodie und einigen eigenen Begriffen. Wörter, die früher alltäglich gebraucht wurden und zumeist aus dem Plattdeutschen stammen, aber heute nicht mehr genutzt werden, sind hier nicht erwähnt. Nur wenn sie heute noch gesprochen werden, wie beispielsweise **Büx, Deern** oder **Udel,** erwähnen wir sie hier.

Wichtik *(Wichtig):* Wir schreiben hier sozusagen „nach Gehör", versuchen also das gesprochene Wort so lautmalerisch wie möglich wiederzugeben.Viele Wörter aus diesem Buch kennt man natürlich auch anderswo im deutschen Sprachraum. Auf eine „Übersetzung" konnte daher verzichtet werden. Wann immer es mir sinnvoll erschien, habe ich jedoch eine umgangssprachliche hochdeutsche Entsprechung in *kursiver* Schrift angegeben.

Was ist Hamburgisch?

Platt war sogar die hochoffizielle Amtssprache, neben Latein. Aber wer konnte schon Latein? Sogar der Bürgereid wurde bis Mitte des 19. Jahrhunderts auf Platt abgelegt.

Auf dem Hamburger Stadtgebiet leben heute knapp 1,8 Millionen Menschen. Vor gar nicht so langer Zeit sah das noch ganz anders aus. Denn das Hamburger Stadtgebiet war über Jahrhunderte ziemlich klein. Und dort wurde lange Zeit **Plattdeutsch** gesprochen, nichts anderes.

Hamburg war schon immer eine Stadt, die vom Handel und von der Seefahrt lebte. Hamburger Kaufleute schickten ihre Söhne in die Ferne, was damals zumeist Nordeuropa, England und Russland bedeutete. Überall dort konnte man sich zumindest in den Kontoren mit Platt verständigen. Erst sehr viel später ging es auch nach Übersee, wo dann Spanisch und Englisch gefragt waren.

Umgekehrt kamen täglich viele Bauern, Fischer und sonstige Händler durch die Stadttore und beschickten die vielen Hamburger Märkte. Und die wohlhabenden Hamburger Familien suchten Personal fürs Haus und Angestellte für die Firma. Man suchte und fand auch hier in der nahen plattdeutschen(!) Umgebung. Sie alle brachten ihre eigenen sprachlichen Färbungen und Begriffe mit, was sich dann mit dem Hamburger Platt vermischte.

Hochdeutsch wurde damals bestenfalls in der Kirche gesprochen und sehr viel später erst in der Schule. Was so manchem Erstklässler am ersten Schultag einen veritablen Kulturschock verpasst haben dürfte. Dennoch verlor Platt zu Beginn des 20. Jahrhunderts allmählich seine beherrschende Stellung. Was dann auch zur Ausbildung des sogenannten **Missingsch** führte.

Missingsch war das Ergebnis, wenn ein plattdeutscher Muttersprachler Hochdeutsch sprechen musste und dabei Fehler machte, weil er den plattdeutschen Satzbau auch im Hochdeutschen anwendete. Ein Beispiel wäre der falsche hochdeutsche Satz: „Das ist für ihr", abgeleitet vom Plattdüütschen „Dat is för ehr", was wörtlich übersetzt eben tatsächlich *Das ist für ihr* hieße, aber natürlich meint: „Das ist für sie".

Dieses Phänomen gibt es heute im Alltag nicht mehr, bestenfalls noch im Kabarett.

Keine Frage: Plattdeutsch ist eindeutig zu einer Zweitsprache geworden, die überwiegend im ländlichen Raum gesprochen wird. Auf Hamburg bezogen wäre das vor allem in den südlichen Randgebieten in den Vier- und Elbmarschen, wo noch viele Bauernhöfe liegen, im Alten Land mit seinen vielen Obstplantagen und ganz generell eher nur noch von der älteren Bevölkerung. Und teilweise im Hafen, aber auch hier ist Platt auf dem Rückzug. **Isso!**

Das **Hafenplatt** war übrigens eine Art Sonderform, da es um viele Fachbegriffe und fremdsprachliche Ausdrücke erweitert wurde, die heute nur noch vereinzelt im allgemeinen Sprachgebrauch erhalten sind.

Auch so mancher älterer Kaufmann aus der City schnackt noch Platt! Dennoch ist und bleibt die Hamburger Innenstadt im Alltag platt-freies Gebiet.

Sonderformen sind auch der **Nachtjargon,** der früher auf St. Pauli gesprochen wurde. Hier hatte sich eine Art Geheimsprache entwickelt, in der sich die Zuhälter, Kellner und Prostituierten unterhielten, damit Gäste und Polizei nicht alles mitbekamen. Aus diesem Jargon sind einige Begriffe ins allgemeine Hamburgisch eingeflossen, einige sehr gebräuchliche davon werden am Ende des Buches im Kapitel „Luden-ABC" vorgestellt.

Und dann gab es noch die **Ketelklopper-Sprook,** die Kesselklopfer-Sprache aus dem Hafen. Die ist heute verschwunden, genau wie die Berufsgruppe der Kesselklopfer. Die führten eine schwere Arbeit aus, sie klopften nämlich mit schwerem Hammer den steinharten Kesselstein aus den Kesseln der Dampfschiffe. Eine wirklich harte und sehr laute Arbeit, in der Hafen-Hierarchie standen diese Jungs recht weit unten. Um sich besser verständigen zu können, bauten sie die Sprache ein wenig um, passten sie dem Rhythmus der Hammerschläge an. Grundlage war Plattdeutsch, aber von jedem Wort, das mit einem Konsonanten begann, wurde dieser erste Buchstabe nach hinten ans Wortende gesetzt und um ein i ergänzt (aus „du" wurde „udi"). Alle Wörter, die mit einem Vokal begannen, wurden um ein

„i" ergänzt (aus „ich" wurde „ichi"). So entstand eine Art Singsang, der wohl beim Lärm im Schiffsbauch besser zu verstehen war. Mit dem Aussterben der Dampfschiffe verschwand diese Sprache, einige Fragmente hielten sich noch eine Zeit lang am Hafenrand und sind dem einen oder anderen älteren Hamburger vielleicht als „Barmbeker Latein" bekannt, aber heutzutage dürfte diese Sondersprache verschwunden sein.

Übrigens, ein gängiges Beispiel, das Kinder noch lange kannten: „Du bist doof" wird zu **udi istbi oofdi.**

All dies (Platt, Missingsch, Sonderformen) ist überwiegend verschwunden, oder deutlich auf dem Rückzug, hat aber viele Spuren in der Hamburger Mundart hinterlassen. Besonders die Sprachmelodie, das etwas breiter Gesprochene hat Anlehnungen ans Plattdeutsche. Auch bestimmte Begriffe überlebten. Sie wurden gebraucht, gehegt und gepflegt und fanden schließlich Einlass in den alltäglichen (hochdeutschen) Sprachgebrauch der Hamburger.

hamburgische Ausdrücke

Deern	(unverheiratetes) Mädchen
lütt un lütt *klein und klein*	kleines Bier & kleiner Schnaps
högen	freuen
fühnsch	verärgert
duun, duhn	angetrunken
Büx	Hose

Fremdsprachliche Einflüsse

Schon früh lebten auch Ausländer in Hamburg. Neben den Briten, die sich bereits ganz früh als Händler hier niederließen, kamen Anfang des 19. Jahrhunderts die Franzosen als Besatzer. Sie waren naturgemäß nicht sehr gern gesehen und ebenso naturgemäß wenig gewillt, die Hamburger Sprache zu lernen. Also mussten die Hamburger sprachlich ‘ran.

Als die Franzosen dann nach ein paar Jahren wieder abzogen, hinterließen sie doch einige sprachliche Spuren. Mit das bekannteste Wort dürfte das so typische Hamburger **tschüß** sein. Es soll nämlich ursprünglich vom französischen „adieu“ stammen und über ein paar verschlungene Umwege und Abschleifungen zu **adjüs, atschüs** und dann schließlich zum **tschüß** mutiert sein. Der Rest ist Geschichte. Das Wort kennt in Deutschland wohl wirklich jeder!

Weitere Beispiele aus der Franzosenzeit

Pottjemonottje	Portemonnaie
Fisimatenten	Unsinn, Blödsinn
Buddl	Flasche *(bouteille)*
Malör	Malheur
Schapoklack	Klappzylinder *(Chapeau claque)*

Wer heutzutage in Hamburg aufwächst, der lernt Hochdeutsch. Und zwar die Hamburger Variante. Und wie geht die?

Details folgen später, aber generell sprechen die Hamburger etwas breiter. Ziehen manche kurze Wörter auch gerne zusammen. Verschlucken obendrein manche Endsilben, sprechen andere dagegen etwas härter aus.

Dascha n Ding sagt dann der Hamburger, und meint: *Das(ist) ja ein Ding*. Haben Sie das verstanden? **So ehm un ehm** würde ein Hamburger vielleicht erwidern und damit andeuten, dass er es *so eben und eben* kapiert hätte.

Ne?

Das Wörtchen **ne** oder **nä** findet sich auch ständig im Wortschatz. Zum einen als Ersatz für das Wort „eine“: **ne dolle Kiste,** oder als Füllwort am Ende einer Frage, dann leicht nach oben gezogen gesprochen und eigentlich nur eine Bejahung erwartend: **Du wahs gesteen krank, nä?**

Landsleute aus anderen Regionen kennen das Phänomen auch, würden hier ein „gell“ oder „wa“ anhängen.

der s-pitze S-tein

Eine andere sprachliche Besonderheit, an der man früher den Hamburger sofort erkannte, verschwindet immer mehr aus dem alltäglichen Sprachgebrauch: das Stolpern übern spitzen Stein. **Die Hamburger s-tolpern nich meha üban s-pitzen S-tein.** *Die Hamburger stolpern nicht mehr übern spitzen Stein* und das bedeutet, das Überbetonen (einzeln sprechen) der einzelnen Buchstaben von **St** oder **Sp** am Wortanfang kommt kaum noch vor. Na ja, man hört es zwar noch hin und wieder, aber nicht mehr so selbstverständlich wie noch vor einer Generation. Denn darauf legte der Hamburger durchaus Wert. Dass er nämlich **S-tein** sagte und nicht **Schtein,** wie viele andere Norddeutsche (so auch der Autor). Wer aber heute so spricht, wird rasch in eine Schublade gepackt, die ein wenig nach altem Geld, großer Villa mit Elbblick und Cabrio riecht. Und für viele Hamburger heute auch ein wenig, na, sagen wir: übertrieben oder gestelzt-distanziert klingt. Oder auf direkt Hamburgisch:

Dascha affich, is dascha!
Das ist ja affig, ist das ja!

Wobei wir zur nächsten Frage kommen: Wer spricht denn heute überhaupt „typisch" Hamburgisch?

Spaziergang an der Elbe

Das breite Hamburgisch wird man wohl eher nicht in den Villen an der Elbchaussee, im vornehmen Blankenese und wohl auch eher seltener im schicken Eppendorf und im noch schickeren Harvestehude hören. Alles Stadtteile, wo überwiegend wohlsituierte, reiche und schwerreiche Hamburger wohnen. Ja, auch die gibt's in Hamburg, und nicht zu knapp! Wohlgemerkt: Sprachfärbungen, Merkmale, Begriffe, ganze Wortschöpfungen sind auch diesen Menschen nicht unbekannt und sie nutzen diese durchaus. Oh ja! Aber die breit gefärbte Aussprache, das etwas bequeme Zusammenziehen, das Verschleifen von Wörtern, das findet hier doch tendenziell weniger statt. In diesen Vierteln redet man halt ein wenig distinguierter.

Typisches Hamburgisch hört man dagegen in den Arbeiterbezirken (beispielsweise in **Baahmbek** *(Barmbek)*, am Hafen, auf St. Pauli und auf den meisten Wochenmärkten.

Dort, in den Kneipen, auf dem Fußballplatz, und natürlich bei einer Hafenrundfahrt wird bestes und breitestes Hamburgisch gesprochen. Der Hamburger Großkaufmann wird das eher für nicht gesellschaftsfähig halten. Oder wie es Hamburgs Ex-Bürgermeister Henning Voscherau einmal so treffend sagte: „Die Leute im feinen Blankenese am Elbufer warten im Garten", wobei er das „r" derart

Mit **Haaafnrunfaahd, glaich gehdasslos, Heerrschafdn!** *Hafenrundfahrt, gleich geht das los, Herrschaften! locken die* **Koberer,** *also die Anwerber, Spaziergänger an den Landungsbrücken auf „ihre" Schiffe.*

überbetonte, dass es wie „warrrten im Garrrten“ klang. Voscherau dann weiter:

Dagegn die Loide aus Baahmbek waahdn inn Gaahdn.
Dagegen die Leute aus Barmbek warten im Garten.

... und Barmbek ist ein typischer Hamburger Arbeiter-Stadtteil. Wo man halt ein wenig anders s-pricht als im saturierten Blankenese. Nichts gegen Blankenese übrigens.

Da giepas eische Häuse ann Elphank. Hassu n astreinn Blick auffas Wassa und höas die Dampfa tutn.
Da gibt es schicke Häuser am Elbhang. Da hast du einen astreinen Blick auf das Wasser und hörst die Dampfer tuten.

Unterschiede zum Hochdeutschen

Wie schon erwähnt, wird Hamburgisch etwas breiter gesprochen, einzelne Begriffe werden verschliffen. Wörter bekommen so eine andere Klangfärbung, außerdem haben sich ein paar sprachliche Besonderheiten eingespielt, so dass sie schon fast Duden-mäßigen Charakter haben.

Mussu kenn, sons kannscha nix vestehn.
Musst du kennen, sonst kannst du ja nix verstehn.

Nach kurzen Vokalen wird **g** zu **ch:**

wech	weg
sinnich	sinnig
Kriech	Krieg
Hambuich	Hamburg

Nach Vokalen wird ein **t** meist zum **d:**

bidde	bitte
Vadder	Vater
Mudder	Mutter
ahbeidn	arbeiten
dridder Stock	dritter Stock
Tadder	Tatter (= Zittern)
Buddl	Flasche *(frz bouteille)*

Ein **t** am Wortende entfällt zumeist:

nich	nicht
is	ist
selps	selbst

Ein **r** nach einem Vokal wird nicht gesprochen, dafür dann der Vokal sehr lang. Speziell beim **u** klingt es, wie um einen neuen Vokal ergänzt (beispielweise um ein **i**):

Baahmbek	Barmbek
hahd	hart
stahk	stark
duich	durch
Hambuich	Hamburg

Die hier genannten Regeln gelten nicht durchgängig und nicht immer. Also, meistens schon, aber manchmal auch eben nicht. Wann nicht? „Peter" klingt z.B. manchmal eher wie **Pedää.**

Ein **r** am Wortende wird fast nicht gesprochen, das Wortende gedehnt. Es klingt, als würde das **r** durch ein **a** ersetzt:

Tüa	Tür
klah	klar
mia	mir

Die Endung **-en** wird gern „verschluckt" und mit der vorigen Silbe zusammengezogen:

hahm	haben
gehm	geben
rehn	reden
lehm	leben

Ein **eu** hört sich mehr wie ein **oi** an:

Loide	Leute
toia	teuer
froin	freuen

Ein **ei** klingt nach **ai:**

Beschaid	Bescheid
kainein	keiner *(keiner einer)*
Faahschain	Fahrschein

Kurze Wörter werden zusammen gezogen:

dascha	das ist ja
mussich	muss ich
ischa	ist ja
soich	soll ich
mussu	musst du
wennch	wenn ich
kannich	kann ich
hascha	hast (du) ja
hassu	hast du

Das Wortende wird teilweise übertrieben hart gesprochen:

Betriep	Betrieb
Löhnunk	Bezahlung *(Löhnung)*
Uhrlaup	Urlaub
Eingank	Eingang

Abweichungen von hochdeutscher Grammatik

auf, zu, ab werden gerne zu Adjektiven:

das zue Fensta	das geschlossene Fenster
das appe Bain	das fehlende Bein
die auffe Tüa	die offene Tür

Der Genitiv wird möglichst vermieden und umschrieben:

Wallda sein Audo	Walters Auto
Hambuich sein Wedda	Hamburgs Wetter

Wenn der Hamburger eine Sache bekräftigt oder auch ablehnt, dann verdoppelt er gern die Aussage:

Da kannich dia nich bei helfn, kannich nich.
Dabei kann ich dir wirklich nicht helfen.

Das tut mia gefalln, tut es das.
Das gefällt mir gut.

Dascha zu un zu schön!
Das ist ja wirklich schön!

Und zur Steigerung nochmals verdoppelt:

Dascha zu un zu schön, is dascha!
Das ist ja wirklich zu schön, um wahr zu sein!

Das Wort „ich“ wird oft umschrieben mit „ein“. **Ein hat zu tuhn** wäre eigentlich ein wunderbares Missingsch-Beispiel, das allerdings in seiner ureigenen Form heute kaum noch zu hören ist. Abgeleitet vom plattdüütschen **Een hett to doon,** was wörtlich übersetzt „Einer hat zu tun“ hieße und meint: „Man hat zu tun“, was aber genau genommen heißen soll: „ICH habe zu tun“.

Damit wird klar: Der Hamburger redet nicht gerne über sich selbst, zumindest nicht in der ersten Person. Stattdessen nimmt er Zuflucht zur dritten Person. Das klingt dann in den vornehmen Elbvororten so: „Man hat ja gesellschaftliche Verpflichtungen“.

Der Barmbeker Arbeiter dagegen sagt es so: **Ein hat Ahbeit, ein komp klah, ein muscha zufriehn sein.** *(Man hat Arbeit, man kommt klar, man muss ja zufrieden sein).* Und beide meinen eigentlich „ich“, sie sagen es nur nicht.

Zerrissene Wörter

Sehr häufig zerreißen Hamburger auch ganze Wörter und stellen den Satz dann etwas verquer neu zusammen. Sehr schönes Beispiel ist das häufig gehörte **Da kannich nix füa** statt „Dafür kann ich nichts“. Oder noch häufiger gehört als Antwort auf eine Danksagung: **Da nich füa.** *Nicht dafür!* **Genauso isses!** wollen wir ihm dann auch zurufen.

**Un nu mach ma hinne,
jetz gehdas nemlich los.**
Und nun beeil dich mal,
jetzt geht das nämlich los.

Als erstes aber eine **WAHNUNK!** Sie können wirklich gerne versuchen, die Hamburger Mundart zu sprechen, nachzuahmen, zu imitieren, zu radebrechen, egal wie, ruhig immerzu versuchen. Es darf auch gerne ein bayerisch-sächsisch-rheinischer Dialekt durchschimmern, aber niemals, wirklich NIEMALS dürfen Sie **ümmer** sagen. Das ist allergrößtes Bähbäh. Warum? Weil das absolut typisches Bremer-Sprech ist. **Ümmer** sagen nur die Bremer, wenn sie „immer" meinen. Sie verstehen? „Bremer Mundart", das geht GAR NICHT! in Hamburg. Mit Bremen weiß man sich nämlich in gegenseitiger und inniger Ablehnungs-Feindschaft. **Allns klah?** *(Alles klar?)*

Denn, wie weiß doch schon der Volksmund in Hamburg:

**Wassn das Besde an Brehmn?
Die Audoboahn nach Hambuich!**
Was ist das Beste an Bremen?
Die Autobahn nach Hamburg!

Von Quiddjes und Hanseaten

Der Hamburger ist liberal, weltoffen, zurückhaltend und stolz wie Bolle auf „seine" Stadt. Rheinischer Überschwang ist ihm ein Gräuel, zum Lachen geht er in den Keller. Aber erst nach der Arbeit, denn Dienst ist Dienst und Schnaps ist Schnaps.

Von nichts kommt schließlich nichts, schon gar kein Wohlstand. Den hat man, zeigt ihn aber nicht. **Quiddjes** (Fremde), egal ob In- oder Ausländer, sind grundsätzlich willkommen, aber bis man in die Herzen und inneren Kreise vordringen kann, dauert es schon eine Weile. In manchen Kreisen gelingt das nie.

Der Begriff **Quiddje** *stammt aus der Zeit, als Fremde am Hamburger Stadttor beim Betreten der Stadt eine Gebühr zahlen mussten und dafür eine Quittung (Quiddje) erhielten.*

Zumindest in wohlhabenden Familien wird nämlich immer noch **s-treng** unterschieden, ob jemand ein „gebürtiger" Hamburger oder ein „geborener" Hamburger ist. Wer auf Hamburger Stadtgebiet das Licht der Welt erblickt, ist ein gebürtiger. **Aba nua wen seine Öllern...** Aber nur wessen Eltern ..., nein, Stop! SO würde natürlich nicht eine feine Dame aus den Elbvororten sprechen, **tüülich nich!** Also, nur wessen Eltern – und möglichst auch noch Großeltern – mit Elbwasser getauft wurden, darf sich „geborener Hamburger" nennen.

Und so gibt es auch, beinahe folgerichtig, seit 1897 den „Verein der geborenen Hamburger". Dort blieb man lange unter sich, aber dann lockerte man irgendwann die Regeln, der Verein heißt heute „Verein der Hamburger" und mitmachen können alle, „die ihre Liebe zu Hamburg verbindet."

Und dann verbindet den Hamburger noch eine seelisch-emotionale Verbindung zu England. Schon immer war das so – geschäftlich! Auch charakterlich ähneln sich Hanseaten und Briten gar nicht wenig. Hamburg gilt deswegen manchem auch als die britischste Stadt außerhalb Großbritanniens. Von daher auch der hanseatische Schnack: „Wenn es in London regnet, spannt der Hamburger seinen Schirm auf." Und sei es aus Solidarität. Denn sooo oft regnet es gar nicht in Hamburg, **sinn allns nua Voauteile, sinndas.**

Das mag nun etwas übertrieben sein, deutet aber im Kern eine gewisse charakterliche Ausrichtung des Hamburgers schon ganz richtig an, nämlich: korrekt. Etwas steif, oder zumindest zurückhaltend. Verlässlich. Nicht schwatzhaft.

Den Hamboga sabbelt nich lank rum, sabbelt ein nich. Geht ein mal nachn Frisöa. Wenn dea nu frach: „Wie wissu die Hoore geschniddn ham?", sach dea Hamboga: „Schwaigent!"
Der Hamburger redet nicht lange herum, redet man nicht. Geht einer mal zum Frisör. Wenn der nun fragt: „Wie willst du die Haare geschnitten haben?", sagt der Hamburger: „Schweigend!"

Die Hamburger halten ihre Stadt natürlich für die schönste überhaupt. Sowieso! Aber mancher muss doch außerhalb leben. Diese armen Menschen nennt man dann mitleidig **Butenhamburger** *(Draußenhamburger).*

An der Elbe

Der Hamburger wahrt Haltung. Man ist Mitglied in einem Club, nicht im Verein. Betrachten wir einmal zwei Hanseaten auf einem Stehempfang anlässlich einer Feier, egal welcher. Konversation ist angesagt. Kann der Hanseat natürlich. Fällt manchmal aber doch etwas s-teif aus. Da steht er dann. In der einen Hand ein Sektglas, die andere Hand durch die Knopfleiste in den Blazer geschoben. Natürlich mit Goldmanschetten. Versteht sich. Und Einstecktuch. Oder mit HSV-Emblem. Also die Manschetten, nicht das Tuch.

Ansonsten gilt nach wie vor die alte (unausgesprochene) Ansage: „Der Hamburger Kaufmann trägt gedeckt blau oder gedeckt schwarz. Und no brown after six. Never!“ Womit die Schuhe gemeint sind. Also, der Hanseat sagt dann beispielsweise: „Sehen wir uns zum Anrudern? Ach, Sie sind gar nicht Mitglied? In welchem Club sind Sie denn?“ Im XYZ. „Ach ja, soso, ehm, jaja, soll ja auch ganz nett sein. Dort. Was man so hört ... “ „Was man so hört“, bedeutet hier übersetzt etwa: „Was die Schluderlappen inner Kneipe denn so herumtratschen“.

Sagt **tüülich** kein Hanseat. Und auch niemand, der sich dafür hält. Was das ist, ein Hanseat? Ganz banal waren das früher die Mitglieder der Oberschicht der Hansestädte. Dann, in der Neuzeit, schwächte sich der Begriff etwas ab und die Bewohner der Hansestadt Hamburg (und anderer Hansestädte) wurden und werden auch heute noch so genannt. Aber selbst heute versteht man unter einem „Hanseaten“ – ja, was eigentlich? Einen Nimbus. Eine Geisteshaltung. Eine soziale und wirtschaftliche Stellung, verbunden mit einer Verpflichtung, für das Allgemeinwohl zu wirken. Als Lohn winkt ein Dank, aber kein Orden. Den nimmt ein Hanseat nicht an, jedenfalls nicht von fremden Mächten. Noch heute nicht!

Helmut Schmidt, ehemaliger Bundeskanzler, hat bereits mehrfach das Bundesverdienstkreuz abgelehnt, mit der so einfachen und zugleich so typisch „hanseatischen“ Begründung, er könne sich doch nicht ehren lassen, nur weil er mal eben seine Pflicht getan hätte. Wo käme man denn da hin!

Würde sich ein Hafenarbeiter als Hanseat bezeichnen? Nein, wir ahnen es bereits, das würde er ganz sicher nicht. Der kauft sich höchstens mal einen. Denn als „Hanseat“ wird auch ein Kuchen bezeichnet, der mit einer rot-weißen (den Hamburger Farben!) Zuckergussschicht glasiert ist. Nein, der Hamburger aus Barmbek hat **sein Macker,** seinen besten Freund.

Un dea isn fixn Dutt! Auf den läss ein nix komm. Auch auf ihn seine Ische nich.
Und der ist ein patenter Kerl! Auf den lässt man nichts kommen. Auch auf seine Freundin nicht.

Un wenn irgend son Eumel, irgend son Heini die anmachn tut, solch dia mah wassagn, Aller, dann giepas was auffe Omme, giepas dann!
Und wenn irgend so'n Typ, irgend so'n Heini die anmacht, soll ich dir mal was sagen, Alter, dann gibt das was auf die Birne, gibt das dann.

Da wiad nich lang rumgedibbat. Bei dem piepas wohl! Kannich nich ap, soiche Loide, Aller.
Da wird nicht lange rumgeredet. Bei dem piept das wohl! Kann ich nicht ab, solche Leute, Alter.

Un tüülich ham die Hamboga auch ihrn Fußballverein.
Und natürlich haben die Hamburger auch ihren Fußballverein.

Ha-Es-Vau oder Pauli, jederein mussich da mah entscheidn.
HSV oder FC St. Pauli,
jeder muss sich da mal entscheiden.

Genau wie in richtign Lehm.
Genau wie im richtigen Leben.

Wo lepsu? Anne Elbe oder anne Alsteh?
In Ebbendoaf oder in Oddensn?
Wo lebst du? An der Elbe (= schwerreich) oder an der Alster (= ziemlich reich)? In Eppendorf (= gutbürgerlich) oder in Ottensen (= alternativ)?

Is auch ne Lehmshaltunk. Weiss Beschaid!?
Ist auch eine Lebenshaltung. Weißt du Bescheid!?

Duzen oder Siezen?

Auf Umgangsformen wird durchaus Wert gelegt. Das drückt sich auch in der Art aus, wie ein Gegenüber angesprochen wird.

Da kennt der Hanseat beispielsweise das „Kutscher-Du", was vor allem von höher gestellten, zumeist älteren Herrschaften gepflegt wird. Beispielsweise hieße es im Kontor: „Hans-Martin, bringen Sie mir doch bitte den Vorgang der Firma xyz." Ein wenig Nähe darf zwar sein (Vorname), aber nicht zu sehr (geduzt wird nicht). Dem gegenüber steht das „Kassiererinnen-Du", das geht so: **Du, Frau Meier, weissu, was die Banan kostn tun?** *Du, Frau Meier, weißt du was die Bananen kosten tun?* Hier ist es umgekehrt. Man sucht die Nähe (duzt), aber dann doch nicht völlig (Frau Meier) und hält etwas Abstand. Tja, der Hamburger taut wahrlich nicht ganz so schnell auf ...

Hamburger Originale

Hamburger gelten als kopfgesteuert. Traditionsbewusst. Ehrhaft. Nicht zufällig gibt es denn auch immer noch in Hamburg die „Versammlung eines Ehrbaren Kaufmanns zu Hamburg“, deren Historie sich bis ins Jahr 1517 zurück verfolgen lässt.

Der „Ehrbare Kaufmann zu Hamburg“

Der selbstverständlich anwesende Bürgermeister hat kein Recht auf Erwiderung, muss sich also die Kritik wortlos anhören. Und da geht es schon mal zur Sache.

Die Abschlussveranstaltung findet traditionell am letzten Tag des Jahres statt. Der Präsident der Vereinigung hält eine Rede und geht durchaus kritisch mit den Repräsentanten der Stadt um.

Da giepas so richtik Mecker, aba n büschn verklausolieat. N büschn piesackn, aba nich so richtik auffe Omme.
Da gibt das so richtig Mecker, aber 'n bisschen verklausuliert. Ein bisschen ärgern, aber nicht so richtig auf die Birne.

Matthiae-Mahl

Eine noch ältere Tradition ist das seit 1356 jährlich am 24. Februar stattfindende Matthiae-Mahl, zu dem etwa 400 Gäste ins Rathaus eingeladen werden (seit 1622 auch Damen). Bei soviel Tradition und Selbstbewusstsein kann es nicht verwundern, dass die

das Hamburger Rathaus wird herrlich illuminiert

Hamburger fremden Herren eher abgeneigt waren. Und selbst die aus ihren eignen Reihen gewählten Bürgermeister sollten sich nicht zu wichtig nehmen. Es gibt keinen „Ober"-Bürgermeister, wie in so vielen anderen Städten, sondern nur einen „Ersten" Bürgermeister. Und, ja, es gibt auch einen „Zweiten". Nur fürs Protokoll erwähnt ... Das muss genügen. Man dient der Stadt und fertig. Einen Orden annehmen? Wir doch nicht!

Gerade mal einem Bürgermeister wurde ein Denkmal gesetzt, es steht am Neuen Wall, der Luxus-Einkaufsmeile der Stadt, und zeigt Carl Wilhelm Petersen (Erster Bürgermeister von Hamburg 1924 - 1930 und 1932 - 1933). Irgendwie passend. Und doch muss in den Hamburgern, ganz tief im Innern, noch ein letzter Funke rebellischen Geistes sitzen. Wenn auch die Hanseatischen Honoratioren kaum denkmälerische Spuren hinterlassen haben, so wurden doch einigen Hamburger Originalen Denkmäler gesetzt.

Denkmäler

Middi Fühstn un so hamse es nich so, die Hamboga. Und Denkmehle vonne hohn Hehn giepas dann auch nua ein paah.
Mit den Fürsten und so haben sie es nicht so, die Hamburger. Und Denkmäler von den hohen Herren gibt das dann auch nur ein paar.

Vonn ollen Bismahk tut eins stehn, son richtik großes, ann Hafn.
Vom alten Bismarck tut eins stehen, so ein richtig großes, am Hafen.

Auch vonn Kaiseh Willem den ehstn giepas eins. Stehd aba son büschn vehsteck.
Auch vom Kaiser Wilhelm dem ersten gibt das eins. Steht aber so ein bisschen versteckt.

Un sons? Vonne Stadtgrünners giepas noch was. Stehn zweimah umme Ecke vonn Rahthaus.
Und sonst? Von den Stadtgründern gibt das noch was. Stehen zweimal um die Ecke vom Rathaus.

Eins füern Bischof (Ansgar tut der heißn) und eins füern Grafn (Adolf III. von Schauenburg).
Eines für einen Bischof (Ansgar tut der heißen) und eins für einen Grafen (Adolf III. von Schauenburg).

Un auch Kahl der Große hat sein Denkmal. Stehd nu aba auch n büschn vehsteck bein Michel.
Und auch Karl der Große hat sein Denkmal. Steht nun aber auch ein bisschen versteckt beim Michel.

Nee, nich bein „richtign" Michel, sondern voam „lüttn Michel", gleich umme Ecke vonn „großen".
Nein, nicht beim „richigen" Michel, sondern vor dem „kleinen Michel", gleich um die Ecke vom „großen".

Zitronen-Jette

Bein richtign Michel giepas aba n Denkmahl füa die Zitron-Jedde. Unnu kommpas n büschn drollich.
Beim richtigen Michel gibt es aber ein Denkmal für die Zitronen-Jette. Und nun kommt das ein bisschen drollig.

Füa die hohn Hehn ham die Hamboga keine Denkmehle nich, aba füa ihre schrägn Originahle schon.
Für die hohen Herren haben die Hamburger keine Denkmäler nicht, aber für ihre schrägen Originale schon.

Die Zitron-Jedde wah ne ahme Frau, n büschn lüdd un imma dustich.
Die Zitronen-Jette war eine arme Frau, ein bisschen klein und immer durstig *(Alkoholikerin)*.

Zog duiche Kneipn un vehökehte Zitron. Un nu tut sie assn Denkmal voam Michel stehn.
Zog durch die Kneipen und verkaufte Zitronen. Und nun tut sie als 'n Denkmal vorm Michel stehen.

Middn Koap voll Zitron und ner ausgestrecktn Hand bietet sie Zitron an.
Mit einem Korb voll Zitronen und einer ausgestreckten Hand bietet sie Zitronen an.

Ein Finga is schon ganz blank. Wenn man den anfassn tut, bringas nemlich Glück.
Ein Finger ist schon ganz blank. Wenn man den anfassen tut, bringt das nämlich Glück.

Johann Bentz: Hummel-Hummel, Mors-Mors

Johann Bentz (1787 – 1854) is auch son Originahl. Wahn Wassahtrega und wuhde „Hummel" genannt.
Johann Bentz (1787 – 1854) ist auch so ein Original. War ein Wasserträger und wurde „Hummel" genannt.

Die Buttjes riefn imma „Hummel Hummel" un er blakte zurück „Mors Mors".
Die Jungs riefen immer „Hummel Hummel" und er schrie zurück „Mors Mors".

Johann Bentz: Hummel-Hummel! – Mors-Mors!

Dascha die plattdütsche Kuazfoam füa „Klei mi ann Mors" – un so kamas zun Hamboga Gruß.
Das ist ja die plattdeutsche Kurzform für „Klei mi ann Mors" (Leck mich am Arsch). – und so kam das zum Hamburger Gruß.

Auch der Hummel hat n Denkmal, bein Großneumahk.
Auch der Hummel hat ein Denkmal, beim Großneumarkt.

Störtebeker

Das dollste aba is, dassas sogahn Denkmal füan Piradn giep. Störtebeker hat die Hamboga Feffasecke ausgeraup.
Das Tollste aber ist, dass das sogar ein Denkmal für einen Piraten gibt. Störtebeker hat die Hamburger Pfeffersäcke ausgeraubt.

Asse ihn beie Büx gekriech ham, da sachta zun Henkeh: „Oi, Henkeh, sach mah, wennch mitn appn Kopp an meine Mackers vorbeilaufn kann, lessu sie dann an Lehm?"

Störtebeker

Als sie ihn bei der Hose gekriegt haben, da sagt er zum Henker, Oi, Henker, sag mal, wenn ich mit dem abgeschlagenen Kopf an meinen Männern vorbeilaufen kann, lässt du sie dann am Leben?“

„Das is reell, also apgemach“, sach dea. Un so kamas dann auch. Störtebeker rennt mitn appn Kopp an elf von ihn seine Loide vobei, da tut der Henkeh ihn ein Bein stelln.
Das ist gut, also abgemacht, sagt der. Und so kam das dann auch. Störtebeker rennt mit dem ab(geschlagenen) Kopf an elf von ihm seine Leute vorbei, da tut der Henker ihm ein Bein stellen.

Wascha nu auch nich die feine hanseatische Aht is, wah dascha nu nich. Konnte dea Störtebeker ja nich sehn, hadde ja kain Kopp nich meha.
Was ja nun auch nicht die feine hanseatische Art ist, war das ja nun nicht. Konnte der Störtebeker ja nicht sehen. Hatte ja keinen Kopf nicht mehr.

Aba nu steht auch vonne Störtebeker ein Denkmal inne HafenCity. Middn annen Kopp!
Aber nun steht auch von dem Störtebeker ein Denkmal in der HafenCity. Mit dem drannen Kopf!

Tüffeliger, jiddeliger Bambuse!

Wesenszüge

Freundschaften entstehen nicht so schnell, aber wenn, dann wollen sie gepflegt werden. Dann hält man zusammen, **da giepas nix!** *da gibt es nichts!* Dann ist man der **Macker,** der beste Freund, der gute Kumpel. Und der **is reell** *(gut)*. Auch eine Sache kann **reell** sein, dann wird sie für gut befunden. Das Gegenteil wäre dann **affich** *(affig),* bedeutet: dann: das ist schlecht. Kann ein Mensch **affich** sein? Nun ja, schon möglich, aber eher gilt dies für Situationen oder Sachen.

Manchmal werden andere Menschen beschrieben als:

appeldwascht	etwas komisch
bräsich	dickfellig
drömelich	langsam, behäbig
dröge	trocken, ohne Humor
drümpelich	tölpelhaft
eddelich	dümmlich, naiv
jiddelich	unruhig
klapperich	alt oder geschwächt
trutschich	langweilig
tüffelich	dusselig, dämlich
überkandidelt	überdreht

Es ist übrigens schon eine mittelschwere Beleidigung, eine Frau **trutschich** *zu nennen!*

Kleines Päuschen in Planten un Blomen

Und manch einen Zeitgenossen nennt man auch so:

Bambuse	Taugenichts
Bullerjan	Streithammel
Griesgram	mürrischer Mensch
Klappskalli	einfältiger Mensch
Sabbelbüdel	Schwätzer

Und wer ständig verrückte Sachen macht, der hat **Flusen inn Kopp** *(Flausen im Kopf)* oder **Grappen inn Kopp** *(Grillen im Kopf)*.

De Bagaasch

Familie

Hamburg ist die Stadt der Singles, das behauptet jedenfalls die Statistik. Wird schon stimmen, aber Familien gaben schon immer den Ton an in der Hansestadt. Reiche Familien vor allem. Sie stellten Bürgermeister, handelten mit Gott und der Welt und wurden so stinkereich, einige jedenfalls. Und die anderen? Die lebten in prekären Verhältnissen, würde man wohl heute sagen und meint: in bitterarmen Wohnungen. Beispielsweise im Gängeviertel, einem Armenviertel, das erst Ende des 19. Jahrhunderts abgerissen wurde.

Das giepas nich meha un dassis auch gut so. Wah nemlich ech schlimm damals, wah dascha. Is aba lank hea.
Das gibt es nicht mehr und das ist auch gut so. War nämlich echt schlimm damals, war das ja. Ist aber lange her.

Hoide wohn die Loide in Bahmbek, auffer Veddel oder in Eimsbüddel. Da tut die ganze Bagaasch auf Etaasche wohn. Mudders, Vadders und de Lüdden.
Heute wohnen die Leute in Barmbek, auf der Veddel (Elbinsel) oder in Eimsbüttel. Da tut die ganze Familie auf Etage wohnen. Mutter, Vater und die Kleinen.

Issn büschn eng, issas, weil is mah nur ein Kabuff, aba kanns auch schön kommodich zusammn sitzn.
Ist ein bisschen eng, ist es, weil es man nur eine Kammer ist, aber da kannst du auch schön gemütlich zusammen sitzen.

Vadders hat Ahbeit bei Hein Gas. Un wenn Vadders vonne Ahbeit kommp, dann musser ersmah den Aschaimer runnertragn.
Vater hat Arbeit bei Hein Gas (Hamburger Gaswerke). Und wenn Vater von der Arbeit kommt, dann muss er erstmal den Mülleimer runtertragen.

Da giepas kein Padon von seine Madam nich.
Da gibt es kein Pardon von seiner Madame nicht.

Danach kommpas drauf an. Vleich geht ein noch auffn Lütt un Lütt inne Kneipe.
Danach kommt es drauf an. Vielleicht geht man noch auf ein kleines Bier und einen kleinen Schnaps in die Kneipe.

Aba nich zu lank, denn ein muscha an annern Moagn wieda nache Ahbeit nach Hein Gas hin.
Aber nicht zu lange, denn man muss ja am anderen Morgen wieder zur Arbeit zu Hein Gas.

Zieht dann wieda mitn Henkelmann los, wie jedn Moagn.
Zieht dann wieder mit seinem Henkelmann los, wie jeden Morgen.

Aba vohea ohm die Birne apschraubn vonne Funzel anne Seide innen Eingank. Die geht nemlich nich meha und nu isses n büschn düster ann Ahmnd.
Aber vorher oben die Birne abschrauben von der Funzel an der Seite in dem Eingang. Die geht nämlich nicht mehr und nun ist es ein bisschen dunkel am Abend.

Mudders geht dann mah auffn Kaffee auf Nachbahschaff und schnackt ein aus. Muss aba vohea noch middi Handeule und den Feudel Treppe wischen. „Ich hap nemlich Kehrwoche", sach sie dann.
Mutter geht dann mal auf einen Kaffee zur Nachbarschaft und plaudert ein wenig. Muss aber vorher noch mit dem Handfeger und dem Lappen Treppe wischen. „Ich habe nämlich Kehrwoche", sagt sie dann.

Kinder

Ja, die lieben Kleinen sind natürlich auch der Hamburger ganzer Stolz. Sind sie **duttich** *(klein)* und **nüddelich** *(niedlich)*, werden sie **lüdde Deern** *(kleines Mädchen)* genannt oder **Buttje** oder **Buttscher** der Junge. Oder Opa nennt sie liebevoll **lütter Schieter** *(kleiner Scheißer)*. Sind sie mal etwas **eisch** *(ungezogen)*, dann **schimpf Mudders middi Görn** *(schimpft Mutter mit den Kindern)*. **Manchmah giepas auchn Backs** *(Klaps auf die Wange)* **und dann sinnse mucksch** *(eingeschnappt)*. **Aba wennse**

dann blarrn *(weinen)*, **muss Mudders auch gleich wieda Ei machn un n Bonsche** *(Bonbon)* **gebn.** Und den sollen sie ja nicht verlieren, auch nicht ihre Mütze oder Jacke. Es passiert aber doch immer wieder, dass mal etwas verloren geht. **Mudders** fragt dann energisch: **Wo issn das Fahrrad?** *Wo ist denn das Fahrrad?* – und dann druckst der Kleine herum: **Dassis inne Grabbel kommn** *Das ist in die Grabbel gekommen*, das habe ich verloren. **Na, dann giepas aba ersmah Mecker!** Und der Kleine ist erstmal **mucksch** *(eingeschnappt)* **un zieht ne Flunsch** *(ein langes Gesicht)*. Und Oma sagt immer:

Jung, iss was, sons bleips am Enne so spiddelich. Un dann giepas nochn Schwazbrot meha.
Junge, iss was, sonst bleibst du am Ende noch so dünn. Und dann gibt das noch ein Schwarzbrot mehr.

Aber vor allem sollen sie ja spielen, die Kinder. **Un nich nua vohm Komputah hockn!** Was kann man denn so alles draußen spielen? Hier ein paar Anregungen, was früher in jedem Hinterhof **nacher Penne** stattfand.

Mitn Ball daddln, also Fußball spielen. Dazu wurden dann Mannschaften ausgewählt mit der **Piss-Pott-Methode.** Wie die geht? Zwei Spieler stellen sich ein paar Meter voneinander entfernt auf. Jeder setzt nun immer im Wechsel einen Fuß unmittelbar vor den nächsten. Dabei sagt der erste zu „seinem“ Schritt: „Piss“ (macht einen Schritt), dann der andere: „Pott“ (macht einen Schritt). Nun wieder der erste: „Piss“, dann der andere: „Pott“. Am Ende gewinnt derjenige, der seinen Fuß auf den des anderen setzen kann. Und damit hat der Gewinner das Recht, den ersten Spieler auszuwählen, der **tüülich** der beste Fußballer **ausse gantze Straaße is.**

Man kann **in Winter auffem Eis glitschen** *(schlittern)*, **in Klackermatsche** *(Matsch)* spielen, **schmökern** *(lesen)*, **mit Mahmeln** *(Murmeln)* spielen oder Steine **flitschen** oder **ditschen lassn,** kleine, flache Steine so werfen, dass sie übers Wasser springen.

Skater am Jungfernstieg

Rummelpott laufn ann Silvesta

Rummelpott laufen zu Silvester, wobei sich Kinder schminken und verkleiden und von Tür zu Tür laufen, mit einer Rassel oder Trommel lärmen und ein Liedchen singen und dabei milde Gaben erbitten.

Es gibt dabei verschiedene Lieder, eines auf Hochdeutsch geht so: „Ich bin ein kleiner König, gib mir nicht zu wenig, lass mich nicht zu lange stehen,ich muss noch ein Haus weiter gehen!“ Kinder bekommen dann Süßigkeiten, sind die „Kinder“ schon etwas größer (also Erwachsene, die sich auf jung verkleidet haben), gibt es auch mal einen Schnaps.

Egal was, etwas sollte es immer geben, denn ansonsten kommt unweigerlich ein Spottlied auf den Geizhals, wie dieses auf Plattdüütsch:

Witten Tweern, swatten Tweern,
düsse Olsch, de gifft nich gerrn!
Weißer Zwirn, schwarzer Zwirn,
diese Alte gibt nicht gern!

Ja, spielen sollen die Lütten, aber in der Schule sollen sie auch aufpassen. Mutter schimpft dann wieder beim Hausaufgabenmachen:

Klier nich so, sons bleibs backn
und kommps auffe Klippschule.
Schmier nicht so, sonst bleibst du sitzen
und kommst auf die einfache Schule.

„Klippschulen” waren sehr einfache Schulen mit geringem Ansehen.

Obwohl das Sitzenbleiben ja auch schon in einigen Schulen abgeschafft wurde. Was **Mudders** dann auch wieder nicht so richtig versteht.

Dann brauchs ja gah nich meha zu lehrn,
oder was? Dascha affich, is dascha!
Dann brauchst du ja gar nicht mehr zu lernen, oder was? Das ist ja affig, ist das ja!

Auffe Ahbeit

Ein typisches Kneipengespräch. Zwei Mann, zwei Bier, ein Thema: die Arbeit. Was kann man da nicht alles so ablästern!

Na, kommps klah?
Na, kommst du klar?

Hap ohne Enne zu tuhn ...
Hab' ohne Ende zu tun ...

Ich so ehm un ehm.
Ich so eben und eben.

Entwede hassu auffe Ahbeit zuviel umme Oahn oder zu wenich!
Entweder hast du auf der Arbeit zuviel um die Ohren oder zu wenig!

Is imma so.
Ist immer so.

Stimmp.
Stimmt.

Issoch wah!
Ist doch wahr!

Nützscha nix.
Nützt ja nichts.

Watt mutt, datt mutt!
Was muss, das muss!

Mein Rehn!
Mein Reden!

Und was sagt man denn nun in Hamburg rund ums Thema **Ahbeit?** Na beispielsweise das hier:

rödeln	hart arbeiten
abwrackn	abreißen
sich abwrackn	schuften
ain bei ain machn	eins nach dem anderen machen

ein Schlach reinhaun
einen Schlag reinhauen
ordentlich und ausdauernd arbeiten

gau moken	schnell machen
herumpusseln	umständlich arbeiten
herumpütschern	langsam machen
beschickn	was schaffen
bannich viel zu tuhn	sehr viel zu tun
dassis happich	das ist viel
dassin Klacks *das ist ein Klacks*	das ist sehr wenig
dassis reell	das ist gut
dascha gediegn *das ist ja gediegen*	das ist gut, wertbeständig
dassis alban *das ist albern*	das ist schlecht
aufklaren	aufräumen

Wenn ein Hamburger etwas für „gediegen“ hält, dann gilt dieses Urteil als eine Art Ritterschlag. Dann hält er etwas für gut, für seinem Weltbild entsprechend, für unterstützenswert, kurz: er bejaht ein Vorhaben, einen Plan, eine Handlung. Ausnutzen, liebe Leser, kommt nicht oft vor!

Gip mah n büschn Bott!
Gib mal ein bisschen Leine!

Das bedeutet, dass jemand ein wenig Band, Tau, Leine nachgeben muss, beispielsweise im Hafen, beim Festmachen eines Schiffes oder beim Drachen steigen lassen.

Wird manchmal auch im übertragenen Sinne gebraucht und heißt dann „nachgeben", beispielsweise in einer Diskussion.

luschige Ahbeit	schlechte Arbeit
flusich gemach, lusich gemach	unordentlich gemacht
Laumichel	Faulpelz
Murks	Pfusch
nuschich	unordentlich
Nuschkroam	Pfusch
schetterich	schlecht, minderwertig
Schlach ins Kontor *Schlag ins Kontor*	Misserfolg
kibbelich	wackelig
finzelich	sehr klein

Und wer viel arbeitet, macht auch mal Pause. Die Frühstückspause wird vom **Viez** *(Vorarbeiter)* auf Platt angesagt: **Fofftein!** *(Fünfzehn)*, das genügt. Niemals auf Hochdeutsch!

Ein schnapp sich sein Zampel un seine Kaffeeteng, isst sein Mettbrötchn un mach 15 Minutn Pause.
Man schnappt sich seinen Leinenbeutel und seine Kaffeekanne, isst sein Mettbrötchen und macht 15 Minuten Pause.

Die **Kaffeeteng** *ist ein einfaches Warmhaltebehältnis, meist aus Blech, mit einem Korken. „Teng" (oder „Täng") kommt von „Tank".*

Un wennas Middach wah, dann gingas inne Kaffeeklappe.
Und wenn es Mittag war, dann ging das in eine Kaffeeklappe (ein Lokal).

Da giepas wahmes Essn un'n Kaffee, aba kein Biea un kein Köm nich.
Da gibt das warmes Essen und einen Kaffee, aber kein Bier und keinen Schnaps.

Wuhde allns duiche Klappe gereich un musste dea Stift holn.
Wurde alles durch eine Klappe gereicht und musste der Lehrling holen.

Und zwischendurch zieht man sich noch kurz mal zurück zur **Schmoktime,** zur Raucherpause, aber irgendwann **is auch Daddeldu** *(Feierabend),* dann wird der **Lehmann** *(Vorschlaghammer)* oder die **Schottsche Karre,** eine einachsige Holzkarre zum Befördern von Lasten, die von einer Person gezogen wurde, in die Ecke gestellt.

Un dann gehdas ap nach Hause. Aba nich ers zun Lohntüdenball un den Lohn verbumfideln!
Und dann geht das ab nach Hause. Aber nicht erst zum Lohntütenball und den Lohn verprassen!

Früher gab es nämlich den Wochenlohn in einer Lohntüte bar ausgezahlt und viele Arbeiter gingen erst mal in die nächste Kneipe zum „Lohntütenball“.

Tüülich hat kain ein meha ne Schottsche Karre. Aba inne U-Boahn kannssas noch sehn.
Natürlich hat keiner mehr eine Schottsche Karre. Aber in der U-Bahn kannst du das noch sehen.

Jedn Moagn sitzn sie da middi Kaffeeteng. Heißt hoide bloß „Coffee to go“ und siehd auch nich anners aus, siehd das nich.
Jeden Morgen sitzen sie da mit der Kaffeekanne. Heißt heute bloß Coffee to go und sieht auch nicht anders aus, sieht das nicht.

Un n Rundstück hamse auch alle inne Hand. Oder so was ehnliches.
Und ein Brötchen haben sie auch alle in der Hand. Oder so was ähnliches.

Nua inner annern Hand giepas was Noies.
Nur in der anderen Hand gibt das was Neues.

Manch ein hadda nochn Buch oder ne Zeitunk, aber die maisten ham son kleines Dinks, wo sie immazu drauf rum drückn tuhn.
Manch einer hat da noch ein Buch oder eine Zeitung, aber die meisten haben so ein kleines Ding, wo sie immerzu drauf herum drücken.

Mittagspause an der Alster

Berufe

Ein paar Berufsbezeichnungen sind in den allgemeinen Sprachgebrauch übergegangen und werden auch heute noch von vielen Hamburgern ganz selbstverständlich genutzt.

Feffasack *Pfeffersack*	Kaufmann
Kleiner Krauter	Kleiner Handwerker oder Gewerbetreibender, eine Art Einzelkämpfer
Modder Griepsch* *Mutter Greif*	Hebamme
Opticker* *Aufpicker*	Parkwächter, nicht zu verwechseln mit dem Optiker!
Putzbüdel*	Frisör
Sottje*	Schornsteinfeger, abgeleitet von **Sott** (Ruß)
Sprütt* *Spritze*	Feuerwehr
Udel* *Eule*	Polizist

*Die mit * gekennzeichneten Begriffe stammen aus dem Plattdeutschen.*

Glaich gehdasloos!

Unterwegs in Hamburg

Den Hamboga fäht inne Statt middi U-Boahn oda middi Es-Boahn. Oda middn Audobus. Gehöht allns zum HaVauVau.
Der Hamburger fährt in die Stadt mit der U-Bahn oder mit der S-Bahn. Oder mit dem Autobus. Gehört alles zum HVV.

So tut der Fekehsvebunt heißn. Das ischa nu ganz praktisch issasscha. Brauchs nua ein Faahschain un gudis.
So heißt der Verkehrsverbund. Das ist ja nun ganz praktisch, ist das ja. Du brauchst nur einen Fahrschein und gut ist.

Manch ein hat auchn Hutschefiedel, einen schönen Kleinstwagen. **Mit dem kanns auch nache Statt fahn. Is abe ein Enne von wech.** *Mit dem kannst du auch nach der Stadt fahren. Ist aber ein Ende von weg.* Ja, ein gutes Stück entfernt ist die Hamburger Innenstadt von den meisten Stadtteilen schon, **aba nu auch nich so bannich dolle nich** *(aber nun auch nicht so sehr weit).* Geht's also mit dem Auto in die Stadt, dann **pesn** *(rasen),* **scheesn** *(rasen)* oder **karjioln** *(wild fahren)* sie los. **So gau die Udels erlauhm tun** *(so schnell die Polizei erlaubt).* Manche aber **nusseln** *(trödeln)* ganz **sinnich** *(ruhig)* vor sich hin, kommen aber auch an. Wenn mal Besuch von auswärts kommt, spätestens dann ist für jeden Hamburger eine Hafenrundfahrt Pflicht. Oder eine Alster-Kreuzfahrt. Dazu fährt man zum Jungfernstieg, denn von dort starten die kleinen Dampfer, die eine Runde über die Binnen- und Außenalster schippern.

Kanns übaall ausstaign. Oda sitzn bleihm.
Kannst überall aussteigen.
Oder sitzen bleiben.

Geht nemlich nochmah nachn Jungfeenstiech.
Es geht nämlich noch mal nach dem Jungfernstieg.

Richtig nett aber ist so eine Fahrt am Abend als **Dämmertörn.** *Schön* **schummerich** *(dämmerig)* **gehdas inne unnergehnde Sonne.**

Man kann auch mit der **Uh-Boahn** *(U-Bahn)* der Linie U 3 zu den Landungsbrücken fahren. Und dann natürlich eine Hafenrundfahrt machen. Die **Koberer** *(Anlocker)* warten schon und rufen lauthals:

Haaafnrunfaahd, Herrrschaffdn, glaich gehdasloos!
Hafenrundfahrt, Herrschaften, gleich geht das los!

Und dann alle Mann rauf auf den Dampfer. Der **Käptn schibbert** *(schippert)* **los,** vorbei geht es an Werften, **dickn Pöddn** (*dicken Pötten*, großen Schiffen) **un klainen Barkassn.** Der **Käptn** wird auch **He lücht** *(Er lügt)* genannt, weil er **Döntjes** erzählt, halbwahre Geschichten, oder Seemannsgarn spinnt.

Eine Fahrt mit der U3 zu den Landungsbrücken ist eigentlich ein Pflichtprogramm! Man kann da nämlich so richtig nett oberirdisch mit der U-Bahn an den Kontorhäusern in der Speicherstadt vorbeifahren und auf den Hafen gucken.

Ach, wie isses doch zu un zu schön!
Ach, wie schön es doch ist!

Die dickn Pödde middi Kontehne kommn schön sutsche die Elbe hoch.
Die dicken Pötte mit den Containern kommen schön langsam die Elbe hoch.

Die dicken Pötte mit den Containern kommen schön langsam die Elbe hoch ...

Dann machen sie irgendwo im Containerhafen fest. **Kanns vonn Elpufa aus sehn.** *Kannst du vom Elbufer aus sehen.* Oder auch von einer Elbfähre. **Da kanns mitn Faahschain vonne HaVauVau mitfahn.** *Da kannst du mit einem Fahrschein von dem HVV mitfahren.* Geht zwar nicht gerade auf „Große Fahrt", sondern nur **son büschn** *(bisschen)* die Elbe hin und her, aber **kanns ne Knolle** *(Flasche Bier)* **kriegn un Schiffe kuckn.** Aber besser **von Achtern** *(vom Heck).* Denn vorne, da spritzt das Wasser immer über die Bordwand. **Weiss Beschaid?** *Weißt du Bescheid?*

Döds, Dassel, Bregen un Co.

Körperteile

Der Mensch an sich, und das gilt auch für den Hamburger, hat einige Körperteile, zumeist zwei Arme, zwei Beine, einen Kopf und so weiter und so fort. Auf gut Hamburgisch:

Bregen, Döz, Dassel, Gripskasten	Kopf
Klüsen	Augen
Gummel	große Nase
Flappe, Sabbel	Mund
Kusen	Zähne
Flunken	Arm, auch: Fuß
Huckepack	Rücken
Achtersteven, Kötelkiste	Hintern
Mors	Arsch
Kackstelzen	Beine, zumeist dünne
Mauken	große Füße

Flunsch ziehen
ein beleidigtes Gesicht machen,
die Mundwinkel verziehen

Nachn Mahk fahn und was einholn

Einkaufen

Auch hier hat sich eine sprachliche Färbung eingeschlichen: Das Wort „zu" wird eher etwas sparsam genutzt, sozusagen nur zu besonderen Anlässen, etwa zu Ostern oder zu Weihnachten. Der Hamburger fährt nämlich nach Altona oder nach Eimsbüttel (zwei Stadtteile), aber auch nach Aldi oder nach Karstadt!

Klar, zum Einkaufen geht oder fährt der Hamburger in den Supermarkt.

Ansonsten heißt es dann, wenn Mudders den Kühlschrank öffnet und feststellt, das etwas fehlt: **Is alle.** Das ist eine kurze, knackige Feststellung für die Tatsache, das etwas fehlt und gilt universell für alles: **Biea is alle, Margarine is alle, Geld is alle.**

Un wenn Mudders dann n büschn führsch is, kommp nochn Nachsatz: „Hass wieda so rumgeast middi Magarine, nä?"
Und wenn Mutter dann ein bisschen verärgert ist, kommt noch ein Nachsatz: „Hast du wieder so viel Margarine verschwendet, was?!"

Und nun muss jemand los und **einholn gehen.** Und dann kriegt Vadders seine Ansage:

Kanns mah ehm nachn Mahk fahn und was einholn? Milch is alle.
Kannst du mal eben zum Markt fahren und was einkaufen? Milch ist alle.

Und Vadders macht sich dann auf den Weg, natürlich leicht grummelnd, wollte doch eigentlich gerade Fußball gucken.

Was soichn machn? Ich hap keine Zeit nich!
Was soll ich denn machen?
Ich habe keine Zeit nicht!

Was Mudders natürlich nicht akzeptiert und ihm erstmal eine Standpauke hält:

Hassu noch Penunsen innas Pottjemonottje?
Dann gehsu nachn Höker inne Mahkstraße.
Hols da Milch.
Hast du noch Geld im Portemonnaie? Dann gehst du zum Händler in der Marktstraße. Holst da Milch.

Un einklich sinn auch Guakn alle.
Kanns glaich miteinholn.
Denn seine Guakn sintoch die bessen.
Un brink kein Nuschkroam mit.
Und eigentlich sind auch die Gurken alle.
Kannst du gleich mitbringen.
Denn seine Gurken sind doch die besten.
Und bring keine schlechte Ware mit.

Wennie Guakn noch nich raif sinn,
dann gessu nach n annern Grönhöker.
Aba ers frachs, wassie kostn tun.
Issas klah? Ode soich dia das aufschreim?
Wenn die Gurken noch nicht reif sind, dann gehst du zum anderen Gemüsehändler. Aber erst fragst du, was sie kosten tun. Ist das klar? Oder soll ich dir das aufschreiben?

Un dann brinksu denn ganzn Kladderadatsch stantepede zurück. Un lassie Finger wech vonne Knolle Biea, hörssu?
Und dann bringst du den ganzen Kram sofort zurück. Und lass die Finger weg von einer Flasche Bier, hörst du?

Keine Piselotten nich inne Kneipe verbumfideln, dassas klah is. Un nu ap dafüa, was stehs hia noch rum?
Keine Kohle nicht in einer Kneipe verjubeln, dass das klar ist. Und nun ab dafür, was stehst du hier noch rum?

Tja, und dann zieht Vadders los zum:

Grabbeltisch	Wühltisch
Krämer	Händler
Koopmann	Kaufmann
Mahk	Markt

Wer nicht viel Geld ausgeben will, gilt schnell als Geizkragen. Oder er ist ganz einfach **klamm,** *und* **dassis leich zu!** *(das kann leicht passieren!)*

Geizknüppel, Knickerbüdel	Geizhals
knickerig	geizig
nehrig	sparsam
Pennschieter *Pfennigscheißer*	Geizhals

Bi Lütten un bei Klein issas Geld dann wech.
So nach und nach ist das Geld dann weg.

Wascha n büschn scheneerlich is.
Was ja ein bisschen genierlich ist.

Buscherump & Manchesterbüx

Kleidung

Hat man auch nicht alle Tage, dass ein Kleidungsstück nach einem Stadtteil benannt ist. Und zwar nur, weil der Schneider dort wohnt. Immer noch! Die Firma Paulsen hat nach wie vor ihren Sitz dort südlich der Elbe, zwar nicht genau in Veddel, aber in Georgswerder, und die nächste S-Bahnstation und Autobahnabfahrt heißt nun mal „Veddel". Genau wie die Hose. Denn Paulsen stellt immer noch die **originool Veddel-Büx** *(original Veddel-Hose)* her, eine hauteng sitzende Hose mit weitem Schlag aus derbem Stoff. Manch einer legt sich zum Anziehen auf die Erde und zwängt sich dann die enge Hose über die Hüfte. Die muss nämlich enger sitzen als eine Jeans! **Isso!** (Ist so!) Dann saß sie also knalleng am Hintern, aber beim Gehen musste man immer ein wenig schwungvoll mit den Beinen schlenkern, damit der Schlag voll zur Geltung kam.

Weitere Bekleidungs-Begriffe

Buffer	Fußballschuhe
Buscherump	blaues Finkenwerder Fischerhemd mit weißen Längsstreifen
Büx	Hose
eischen Fummel	schickes Kleid

Finkenwerder Fischerhemd (Buscherump)

Elbsegler	eine dunkelblaue flache Schirmmütze mit Kinnriemen
Manchesterbüx	eine derbe Cordhose, die z. B. Arbeiter auf dem Bau trugen
Plünnen	allgemein: Kleidung, auch abwertend gemeint als: Plunder
Plünnhöker	Bekleidungsgeschäft
Puschn	Hausschuhe
Pantüffeln	Pantoffeln, Hausschuhe
Troyer	blauer Wollpullover der Seemänner
Schlappen	Latschen
witte Maibüx *weiße Maihose*	eine weiße Leinenhose, die bei schönem Wetter ab Mai getragen wurde

Essen & Trinken

Essen und Trinken hält Leib und Seele zusammen, das gilt auch in Hamburg. Und dort kochen ja auch etliche Sterne-Köche auf hohem Niveau, die aber eher von Geschäftsleuten mit Spesenkonto besucht werden. Oder von den wohlhabenden Hanseaten, die beim Blick auf die Speisekarte die Spalte mit den Preisen konsequent ignorieren.

Der gemeine Hamburger schaut da ganz sicher hin und hält sich eher auch an Bodenständiges. Und davon gibt es einiges, denn die Hamburger Küche kann nun nicht gerade als besonders phantasievoll, überraschend, elaboriert, pfiffig bezeichnet werden – eben eher bodenständig.

Auf der Karte eines Hamburger Restaurants finden sich meist folgende Gerichte:

Aalsuppe

Ja, Aal kann auch drin sein, muss aber nicht, denn eigentlich kann dort fast alles hinein, weswegen der Name sich auch vom plattdeutschen **All in de Supp!** *(Alles in die Suppe!)* ableitet. Und wenn die Kinder dann ihren Teller leergefuttert haben, rufen sie gerne mal:

Is noch was vonne Subbe nach?
Ist noch etwas von der Suppe übrig?

So heißt es auch am Buffet, wenn alle anstehen mit ihrem Teller und es nicht voran geht, weil sich jemand den Teller randvoll schaufelt. Dann ruft schon mal einer entnervt aus der Schlange: **Lass uns noch ne Knackwuas nach!**

Frikadelle

Den gebratenen Hackfleischklops gibt's wohl in jeder anständigen Eckkneipe am Tresen unter Glas. Mit Glück sogar hausgemacht. Einen Klecks Senf dazu, wahlweise Ketchup, fertig ist der Biersnack.

Bauernfrühstück

Hat nichts mit „Morgenmahl“ zu tun, sondern ist ein kräftiges Gericht aus Bratkartoffeln, Schinkenwürfeln, Gurken. Es wird überbacken serviert wie ein Omelette.

Hamburger Pannfisch

ist keine Spezialität, sondern eher ein Reste-Essen. Verschiedene übriggebliebene Fischfilets werden zusammen gekocht und mit Kartoffeln und Senfsauce serviert, meist sogar in einer **Pann,** einer *Pfanne*.

Knackwurst

Früher ein Klassiker, heute nicht mehr überall zu kriegen. Ist nichts weiter als eine Brühwurst, deren Haut knackend aufplatzte, wenn man hineinbiss. Wird in vielen Kneipen neben Frikadellen als einzige Speise angeboten.

Scholle Finkenwerder Art

Die kann recht fettig ausfallen, da sie mit Schinkenspeck angebraten und mit Bratkartoffeln serviert wird.

Labskaus

Labskaus

Doch, doch, es schmeckt! Auch wenn es eher wie eine rote, undefinierbare Pampe ausschaut. Es besteht aus Pökelfleisch, gestampften Kartoffeln, Gurken, Spiegelei und roter Bete, die die Farbe liefern.

Stint

Kleine, dem Hering ähnliche Fischlein, die im Frühjahr in großer Stückzahl oft als „Stint satt" serviert werden. Dabei den Kopf entfernen, der Rest wird komplett gegessen. Oft, aber nicht immer, sind vorher die Innereien und Gräten entfernt. Falls nicht, mit einem Finger aufschlitzen und Grätenstrang entfernen.

Franzbrötchen

Plundergebäck mit Zucker und Zimt. Bietet heute jeder Bäcker an und wird jeden Morgen tausendfach mit einem Coffee to go auf dem Weg zur Arbeit im Bus oder der U-Bahn als Frühstücksersatz verzehrt.

Hamburger Speck

ist eine aufgeschäumte Süßigkeit in rot-weißen (den Hamburger!) Farben, die es vornehmlich auf dem Dom gibt, dem dreimal jährlich stattfindenden Jahrmarkt auf dem Heiligengeistfeld im Stadtteil Sankt Pauli.

Hanseat

Ein Gebäck, das mit glasiertem rot-weißem (wir erinnern uns: die Hamburger Farben!) Zuckerguss überzogen ist.

Rote Grütze

Ein sehr leckerer Nachtisch, bestehend aus angedicktem Saft von Himbeeren oder Johannisbeeren, serviert mit Vanillesauce oder auch mit Milch.

Rundstück

So, und nur so werden in Hamburg die Brötchen genannt.

Rundstück warm

ist dagegen ein warmes, einfaches Gericht. Ein Rundstück wird aufgeschnitten und jede Hälfte mit einer Scheibe Braten belegt und darüber wird viel(!) Sauce gegossen. Fertig.

Klöben	Weißbrot mit Rosinen
Stuten	Weißbrot aus Weizenmehl
Knust	So wird immer der letzte, harte Brotkanten genannt.

Nach diesem Ausflug durch die Hamburger Küche wird klarer, dass die Gerichte tatsächlich eher bodenständig sind. Und die Getränke?
Die giepas in Kruch beim Kröger
(die gibt das im Krug beim Wirt).

Getränke

Alsterwasser	Mischgetränk aus weißer Brause und Bier
Buddl Beer	Flasche Bier
Kalter Kaffee	Mischgetränk aus Cola und gelber Brause („Spezi“)
Knolle	kleine, bauchige Flasche Bier
Köm	klarer Schnaps, eigentlich Kümmelschnaps
Knallköm	ist dagegen Sekt!
Lütt un Lütt *Klein und Klein*	ein kleines Bier und ein „Kurzer“ („Herrengedeck“)
Pott Kaffee	großer Becher Kaffee
Plörre	dünner Kaffee
Sprit	Schnaps, Alkohol allgemein
Grog	besteht aus heißem Wasser mit Rum und Zucker. (gibt es im Winter)

Ein **s-teifer Grog** *hat besonders viel Rum. Ein* **Eisbrecher** *wird in besonders strengen Wintern benötigt, dann wird das heiße Wasser durch warm gemachten Rotwein ersetzt.*

Wenn ein mah aufn Swutsch gehn tut, dann nich nache Reeperboahn oder so. Nee, dann gehtas nach Wolle seine Kneipe umme Ecke.
Wenn man mal loszieht, dann nicht zur Reeperbahn oder so. Nee, dann geht das zu Wolles Kneipe um die Ecke.

Knolle Bier

Meist kanns da auch noch eine rauchn, aba bloß kein Knaster nich.
Meist kannst(du) da auch noch rauchen, aber bloß kein schlechtes Kraut.

Bei Wolle is imma bös was los un da kanns middi Mackers klönen, an Daddelkastn daddln unn Lütt un Lütt wechschnassln.
Bei Wolle ist es immer sehr voll und da kannst du mit den Freunden plaudern, am Spielautomaten spielen und ein kleines Bier und einen kleinen Schnaps genießen.

Was zun Spachteln giepas auch. Hassu Jieper auffe Frikadelle, sachs mah ehm Beschaid. Solls ja nich vonn Speck abfalln.
Etwas zum Essen gibt es auch. Hast du große Lust auf eine Frikadelle, sagst du mal eben Bescheid. Du sollst ja nicht vom Speck abfallen!

Dafs nua nich krüsch sein, dafsu nich. Is nemlich nich imma hausgemach, issas nich imma.
Du darfst nur nicht wählerisch sein, darfst du nicht. Ist nämlich nicht immer hausgemacht, ist das nicht immer.

Im Lokal kann man dann:

spachteln	futtern
ein achter de Binn kippn	einen hinter die Binde kippen

Aber irgendwann muss dann mal wieder Platz geschafft werden, also **geht ein mah ehm nach Tante Meier** *(zu Tante Meier)*, aufs Klo zum Pinkeln.

miegen	pinkeln
pieschern	pinkeln
lötern	pinkeln

So verbringt man den Abend in vergnügter Runde, aber bevor es dann zu spät wird, ruft der Wirt:

„Jetz is Schulz!", dann giepas nochn Apsacker, un wennas Glas leddich is gehd jederein dann nach Haus.
„Jetzt ist Schluss!" und dann gibt es noch einen Absacker, und wenn das Glas leer ist, geht jeder dann nach Hause.

Tja, un manchein bleip ein wenich zu lank in Kruch un is dann duhn.
Tja, und manch einer bleibt ein wenig zu lange im Lokal und ist dann betrunken.

Aber auch da gibt es Abstufungen, je nach Trunkenheitsgrad:

Manch einer sagt auch **Ich will mah nache Pferde sehn.** *„Ich will mal nach den Pferden sehen." ... und meint genau das gleiche wie der Tante-Meier-Besucher. Der Satz wurde vom plattdeutschen Satz „Ik will mol gau no de Peer kieken" ins Hamburgische übernommen. Klingt aber auf Platt einfach gemütlicher ...*

Kneipentour im Portugiesenviertel

Schwips oder Vollrausch? Betrunken sein

angetüdelt	angetrunken
glönich	leicht benebelt
angeschickert	leicht angetrunken
stickenduhn	sturzbetrunken
kopeister gohn	abgestürzt sein

Dann geht's endlich nach Hause ins Bett zum Schlafen:

dösen	leicht schlafen
einduseln	einschlummern
inne Puch liegn	im Bett liegen

*Auch **Puch** ist ein plattdeutsches Wort, das nicht unbedingt alle Hamburger noch kennen!*

Und am nächsten Morgen sieht die Welt meist nicht so rosig aus. Der Held vom Vorabend fühlt sich nun gar nicht so wohl.

bregenklöterich *kopfklapprig*	schlecht, durcheinander
maddelich fühln	schwindelig, schlecht sein
dicke Klüsen	verquollene Augen
benusselt	schwindelig
Tadder hahm *Tatter haben*	zittrig sein
kodderich fühln	sich sehr schlecht fühlen, kurz vorm Erbrechen sein
in Sauer liegen	sich sehr schlecht fühlen, verkatert sein
Brand hahm	starken Nachdurst haben

Wird man dann irgendwann wieder klarer, kann man seinen Mitmenschen mitteilen:

Ich grün wieda duich.
Ich grüne wieder durch.
Mir geht es wieder besser.

Und schon verklärt sich der gestrige Abend ganz schnell zur Heldentat:

Ich hap nen schön Dunschn gehap!
Ich hab einen schönen betrunkenen (Kopf) gehabt!

... heißt es dann fast stolz. Bis zum nächsten Mal dann.

Schietwedda!

Das Wetter

Das Hamburger Schmuddelwetter ist eine Legende und ziemlich falsch. Denn: Wo gibt es die größte Cabrio-Dichte bundesweit? Na? Eben! Sobald auch nur der kleinste Sonnenstrahl sich durch die Wolkendecke traut, dann geht das los: Verdeck zurück, Heizung an, **besserissas!** *(besser ist das!)* – und ab um die Alster **karjioln** *(flott herumfahren)*.

Außerdem heißt es bei den Wirten: Sonne da, Stühle raus. Und Heizstrahler gleich mit dazu. Wie gesagt, **besserissas.**

Keine Frage, **Schietwedda** *(Scheißwetter, Mistwetter)* gibt es auch. Aber auch keine Frage: Der Hamburger geht raus. **N büschn Reegn stöhd nich!** Ein bisschen Regen stört nicht! Der fällt tatsächlich hin und wieder und durchaus unterschiedlich intensiv:

Regen

klamm	feuchte Luft
dröppeln	ganz schwach regnen
nieseln	leicht regnen
pieseln	dauerregnen
schüttn	stark regnen
pladdern	heftig regnen

Hamburg liegt an der Elbe, also am Wasser. **Un da isses nu mah n büschn püsterich** *(windig)*, **oder pustich** *(pustig)*. Manchmal kommt auch Nebel auf, dann ist es **schietndick** *(scheiß dick)*, sehr nebelig.

Und wenn man sich im Sommer an heißen Tagen mal **maddelich** *(schlecht)* fühlt, dann ist **bruddige** *(schwüle)* Luft. Dann gibt das bald ein Gewitter. Aber wie gesagt, sooo schlecht ist das Hamburger Wetter wirklich nicht. Außerdem sagt der Hamburger es treffend dann so:

Schlech Wedder giepas nich,
nua schlech Kleedasch!

kein Schietwedda in Planten un Blomen

Hummel, Hummel – Mors, Mors

Begrüßen, verabschieden, bedanken

Guten Tag" Tscha, genaigte Leseh, dascha nu nich so falsch, issas nu nich. Ein wiad Sie schon festehn, keine Bange nich.

„Guten Tag". Tja, geneigte Leser, das (ist)ja nun nicht so falsch, ist das nun nicht. Man wird Sie schon verstehen, keine Bange nicht.

Aba den Hamboga tut schon anners grüßn. Früheh wa dascha n belieptn Schnack inne Fehne.

Aber der Hamburger tut schon anders grüßen. Früher war das ja ein beliebter Schnack in der Ferne.

Wenn sich zwei Hamboga in Münchn sahn un anne Audokennzaichn erkanntn, dann rief de eine: „Hummel Hummel" un de anne antwodede: „Mors Mors".

Wenn sich zwei Hamburger in München sahen und an den Autokennzeichen erkannten, rief der eine: „Hummel Hummel" und der andere antwortete: „Mors Mors".

So wahdas. Aba das tut kainein hoide nich meha.

So war das. Aber das tut heute keiner mehr.

Begrüßen

Moin Moin!	gilt als Gruß den ganzen Tag über, nicht nur am Morgen
Moin!	Antwort auf Moin Moin
Moinsen!	Verschleifung von Moin
Tach auch!	guten Tag auch
ein Gudn!	kurz für „Einen guten Tag“)
Gudn!	noch kürzer

Verabschieden

Tschüß, bis die Tage	universeller Abschiedsgruß, fast immer möglich.
na denn man zu	(vom plattdeutschen *Na, denn man tau*)
hol di, hol di stiev *halt dich steif*	halt die Ohren steif, bleib gesund
wia höhn	wir hören (voneinander)
wia telefonian	wir telefonieren
hol di fuchtig *halt dich feucht*	bleib gesund, halt dich aufrecht

Kiek mol wedder in!
Schau mal wieder rein!

Alter plattdeutscher Gruß, der in den sprachlichen Alltag eingeflossen ist und oft am Ortsausgang auf einem Schild zu lesen ist.

Das **Tschüß** *konnte niemand so herrlich-trefflich aussprechen wie die große Volksschauspielerin Heidi Kabel, wenn sie ihr Liedchen „In Hamburg sagt man Tschüß“ anstimmte und dabei das „Tschüß“ so herrlich auf der zweiten Silbe hochzog, dass es wie „Tschühüüüß!“ klang.*

Tratschen, schnacken, sabbeln

Also, die Hamburger sind nicht so redselig, wie beispielsweise Rheinländer, aber ...

Wenn ein mah inne U-Boahn fahn tut, kanns dich ja nua wunnern.
Wenn man mal in einer U Bahn fährt, kannst du dich ja nur wundern.

Da schnacken die Loide ohne Enne inne Hendis as wennse allein auffe Welt sin.
Da reden die Leute ohne Ende in die Handys, als wenn sie alleine auf der Welt sind.

Kannich nich ap, so was.
Kann ich nicht ab, so was.

Unterwegs mit der U3

Klön & Schnack

Dafür, dass der Hamburger eigentlich nicht übermäßig viel redet, kennt er eine ganze Menge Begriffe für diese Kommunikationsform:

klönen	plaudern
schnacken	reden, sich unterhalten
Klönschnack	Plauderei
Klönschnack halten	zwangloses Gespräch führen, plaudern
bekakeln	besprechen
begöschen	trösten, auch: sich einschmeicheln
rumdröhnen	laut daherreden
tratschen	schludern, schwatzen

Eines der erfolgreichsten Theaterstücke am plattdeutschen Ohnsorg-Theater war und ist immer wieder der Schwank „Tratsch im Treppenhaus", der seit den 1960er Jahren immer wieder aufgeführt und im Fernsehen gezeigt wird. Dabei geht es um einen nachbarschaftlichen Streit, Verwicklungen durch Unterstellungen und eben Tratscherei. Heidi Kabel brillierte hier in der Rolle der tratschsüchtigen Frau Boldt.

Tratschen, schnacken, sabbeln

schludern	über andere herziehen
klookschietern	klugscheißen
nölen	nerven
quaaken	nerven, jammern
queesen	nerven, nörgeln
dibbern	zuviel reden
sabbeln	viel reden
besabbeln	überreden
apsabbeln	etwas unnötig lange bereden, erklären, überzeugen

Da mussich mich imma so apsabbeln.
Da muss ich immer so lange reden
(... bis das klappt, bis der das kapiert).

abschnacken	abschwatzen
tünen	spinnen
herumtüdeln	herumspinnen
du tüdelst doch!	du spinnst doch!

Die Älteren unter den Lesern werden sich vielleicht noch an Altkanzler Gerhard Schröder erinnern, der, obwohl kein Hamburger, sondern aus Hannover kommend, über eine Ministerin sagte, sie sei zuständig für „Frauen und das ganze Gedöns".

Vor allem in der Ablehnung, wenn es ihm oder ihr zuviel wird, kennt der Hamburger schon eine gewisse Bandbreite:

Tünkram	Unsinn
Gedöns	überflüssiger Kram
Geseier	Gejammere
Getüda *Getüder*	dummes Gerede
Genöle	Meckerei

Geweese machen
zuviel Aufhebens machen

Ausser Lameng, für Passlatant, Schietegool

Zustimmen, ablehnen, egal sein

Klare Ansage: Frage – Antwort – Punkt. Lange drum herum sabbeln? Nö! Das ist des Hamburgers Sache nicht.

Kommp schnurstracks auffn Punk!
Kommt schnurstracks auf den Punkt!

Wir hier deshalb auch, wie der Hamburger sagen würde:

Nich lang schnacken, Kopp inn Nackn und wech mit den Schiet!
Nicht lange reden, Kopf in den Nacken und weg mit dem Scheiß!

... nämlich dem Schnaps, den man mal eben so ausgegeben hat **ann Tresen inne Kneipe!**

Zustimmen:

Geht los!	Los geht's!
Mookwi.	Machen wir.
Dassn Klacks!	Das ist ein Klacks!

Das machich ausser Lameng.
Das mach ich aus dem Handgelenk.
Das schüttel ich aus dem Ärmel.

Lameng *(von „la main") stammt wohl noch aus der Franzosenzeit.*

Mit Schangs kriech das hin.
Mit Chance kriege ich das hin.

Schön anne Elbe sitzn un n **Klöhnschack** halten

Allns klah.	Alles klar.
Aba originool.	Aber original.
Aba tüülich.	Aber natürlich.
meinswegen	meinetwegen
manzu	nur zu

Das wuppn wir!
Das schaffen wir!

Das machich mit Schisslaweng.
Das mach ich mit Leichtigkeit.

Das kommp mia zu pass.
Das kommt mir gerade recht.

Ablehnen

Kannich nich ap!
Kann ich nicht ab!

Das kommp mia nich inne Tüde!
Das mache ich nicht, kommt nicht in Frage!

Das kannich nich verknusn.
Das kann ich nicht vertragen.

Lassas nach!
Lass das sein!

Das issoch belämmat!
Das ist doch schlecht!

Das is füa Passlatant.
Das ist sinnlos.

Nu is daddeldu.
Nun ist Schluss.

Egal sein

Das issoch togal.
Das ist doch egal.

Mich is eins.
Ist mir egal.

Issoch egool.
Ist doch egal.

Schietegool!
Scheißegal!

togal *ist abgeleitet von einem Schmerzmittel gleichen Namens.*

Zu Potte kommen

Hamburg ist eine sportliche Stadt. Wer's nicht glaubt, möge nur einmal um die Außenalster spazieren! Egal wann. Egal zu welcher Uhrzeit. Egal in welchem Monat und noch egaler an welchem Wochentag: immer, ab-so-lut immer joggen, laufen, traben, sprinten dort Menschen entlang. Ohne Ausnahme.

Und dann erst die ganzen Vereine, Fitnessstudios, Sportclubs! Überall wird sich bewegt. Und zwar unterschiedlich intensiv, schnell, langsam, gemütlich ...

Jogging an der Alster

Jachtern oder Nödeln?

Wenn's denn losgehen soll, dann heißt es schon etwas ungeduldig: **Komm in Gang! Komm inne Gänge! Komm inne Puschn! Komm zu Potte!** *Beeil dich!* **Und wemman dann zu Potte kommp, dann gehdas los.** *Und wenn man dann endlich so weit ist, dann geht das los.* Das heißt in verschiedenen Bewegungsarten so:

herumdödeln	ziellos unterwegs sein
herum butschern	unterwegs sein, bummeln
nödeln	trödeln
jachtern	hetzen
spatteln	zappeln
mit längs kommen	begleiten
pesen	rasen
dammeln	trödeln
angeklödert komm	etwas abwertend: hinterher kommen
bückeln	weglaufen
nusseln	trödeln

Auch das Tempo kann ja variieren:

sinnich	ruhig
hild	eilig
sutsche	langsam
fix	rasch
gau	flink, schnell

Ischa gediegn!

Erstaunt sein

Unverhofft kommt oft, weiß schon der Volksmund. Und wenn, dann wird auch der Hamburger mal in Erstaunen versetzt. Was er unterschiedlich zu kommentieren pflegt. Sozusagen nach Härtegrad.

Staunen

Sü!	Sieh an!
Süso!	Schau an!
Mann inne Tünn!	Donnerwetter!
Mann in einer Tonne!	
Ischa gediegn.	Ist ja sonderbar.
Ischa iddelich.	Ist ja komisch.
oh	einfaches Überraschtsein
oha	stärkeres Überraschtsein
ohauhauhauha	ganz starkes Überraschtsein

Da happich aba Sott gehap!
Da habe ich aber Glück gehabt!

Da kannich nix füa.
Dafür kann ich nichts.

Nu binnich ganz duichn Tüdel.
Nun bin ich ganz durcheinander.

Verkasematuckeln

Begreifen, Verstehen

Jemandem etwas zu erklären ist gar nicht so einfach. Der andere soll ja auch verstehen, worum es geht. Da kann man dann schon mal seufzen:

Manch ein ischa n büschn schwer von Kapee. Den muss das ersmah beipuln.
Manch einer ist ja ein bisschen schwer von Begriff. Dem musst du das erstmal beibringen.

beipuln	beibringen
verklamüstern	erklären
verkasematuckeln	erklären

Und wenn jemand das Ganze dann immer noch nicht recht kapiert, heißt es schon mal:

Willsu das patuh nich festehn?
Willst du das partout nicht verstehen?

Bissu tüdelich?
Bist du verwirrt?

Worauf der andere dann sagt:

Dascha figelinsch!
Das ist ja kompliziert!

… oder wenn er es noch stärker ablehnt:

Das issoch överspönschn Kroam.
Das ist doch übersinnlicher Kram.

Und zu guter Letzt, wenn er gar nichts mehr hören will:

Un ein is schon ganz rammdösich inn Kopp.
Und man ist schon ganz verwirrt im Kopf.

Dascha scheneerlich!

Fluchen, Launen haben

Eigentlich bewahrt der Hamburger ja Haltung. Geht mit geradem Rücken durchs Leben, als ob er ein Lineal verschluckt hätte. Nein, ganz so stimmt es natürlich nicht. Aber ein wenig schon. Emotionen zeigt er eher nicht. **Vleich mah auffen Fußballplatz** *(Vielleicht mal auf dem Fußballplatz)*, **oder beie Gebuhdstachspaadi von Rudi seine Schwesta** *(bei der Geburtstagsparty von Rudis Schwester)*, aber sonst eher selten. Aber falls Sie doch einmal einen Hamburger fluchen hören oder mit schlechter Laune ertappen, dann könnte es sich so anhören:

Klei mi an Mors.	Leck mich am Arsch.
Klei mi anne Feut.	Leck mich an den Füßen.
Son Schiet!	So ein Scheiß!
Schietkrom!	Scheißkram!

(... und meint ganz genau dasselbe wie oben!)

Das hassu versuust.
Das hast du verloren (vergessen, verbummelt).

Un wenn ein dann so bedrappst un belämmat kuckn tut und so bedrüppelt inne Eck hock, dann mussu ihm mah n büschn begöschn.
Und wenn einer dann so bedrückt und eingeschüchtert guckt und bedrückt in der Ecke hockt, dann musst du ihn mal ein wenig trösten.

Da sachsu: „Muss kein Bammel nich hahm, is auch nich scheneerlich, das muss man apkönn."
Da sagst du: „Du musst keine Angst haben, ist auch nicht genierlich, das muss man abkönnen."

Ja, das wäre dann wohl angebracht, zumal wenn der Gemütszustand sich noch nicht bessert und jemand sich so zeigt:

hiddelich	nervös
zippelich	unruhig
jachtern	nach etwas gieren
an Enne sein	am Ende sein

Nu is daddeldu!

Streit liegt schnell mal in der Luft, nicht nur auf der Reeperbahn nach einigen Gläsern zuviel. Dort ist man schon vor einigen Jahren dazu übergegangen, Warnschilder aufzustellen, die das Tragen von Waffen verbieten. Und nicht nur das, am Wochenende sollen nun auch keine Flaschen mehr in Kiosken, Tankstellen und Spät-Supermärkten verkauft werden. Denn Flaschen kann man zerschlagen und hat mit den Glasscherben eine neue Waffe. Aber das sei nur am Rande erwähnt, ein „einfacher" Streit wird in Hamburg auch mit relativ harmlosen Begriffen begleitet: **Eisch!** *(Unartig!)* So rufen Mütter ihre kleinen Kinder zurecht, wenn sie irgend etwas angestellt haben. Übrigens kann das Wort auch eine ganz andere Bedeutung haben, nämlich „hübsch, flott", wie beispielsweise in dem Lob: „Was für ein eisches Kleid du trägst!"

Bei Älteren muss man aber schon etwas aufpassen. Ist jemand **inne Brass,** dann ist er ziemlich wütend! Noch nicht ganz so schlimm wäre es, wenn jemand „nur" **gnadderich**" wäre. Aber man steigert sich da schnell hinein und ist dann **vergnatzt, vergrellt, vergnaddert** (immer: verärgert). Und dann gibt ein Wort das andere, auch wenn es zunächst harmlos beginnt:

Mach nich son Gedöns!
Rede da nicht soviel herum!

Goh mi af.
Geh mir ab.
Lass mich in Ruhe.

Ich muss dich woh mah auffen Pott setzn.
Ich muss dich wohl mal auf den Topf setzen.
Ich muss dir wohl erst mal Manieren beibringen.

Du kanns mich mah gern hahm!

oder:
Du kanns mich mah kreuzweise!
... was nichts als eine Verballhornung von „Du kannst mich mal am Arsch lecken“ ist.

Höa auf, sons hau ich dia ein Fellvoll!
Hör auf, sonst haue ich dir ein Fellvoll
Hör auf, sonst schlage ich dich!

Ähnlich wäre:
... sons hau ich dia ein Jackvoll!

oder ganz deutlich:
... sons hau ich dia ein Arschvoll!

Lassas, sonst werd ich führnsch!
Lass das, sonst werde ich ärgerlich!

Da hassu nix bei zu kriegn!
Das geht dich gar nichts an!

Der wird kiebich.
Der wird frech.

Du kriegs glaich was anne Riestütn!
Du kriegst gleich was auf die Ohren!

Halt den Babbel! oder
Halt den Sabbel!
Halt den Mund!

Eine SEHR deutliche Warnung wäre:
Lassas nach!
Lass das nach!
Hör auf!

Und noch näher an der roten Linie dran wäre man bei folgender Warnung, sozusagen dem Schlusspunkt, bevor die Faust fliegt:

Nu is daddeldu!
Nun ist Schluss!

Iss was?
Ist etwas?

Das gilt schon als ziemliche Drohung, und danach **giepas Kloppe** (gibt das Schläge) und zwei sind dabei sich zu **verjacksen, verkloppen, vertrimmen, verwicksen,** was immer dasselbe bedeutet, nämlich jemanden zu verprügeln.

Im Schanzenviertel

Aber einer fängt ja immer an – und der **schallert** dem anderen eine, schlägt ihn. Aber nicht ohne auch ordentlich dabei herum zu **bölken** (brüllen), und spätestens dann stellt man fest, dass der andere vielleicht doch mehr **Knöf** hat (mehr Kraft hat) und man jetzt **inner Bredullje** steckt (*in der Bredouille*, in Schwierigkeiten) und **Maleschen** hat (Scherereien, Ärger).

Dahfs aba keine Bange hahm! Du darfst aber keine Angst haben! – was dann ja wohl nicht so ganz leicht ist. Und hinterher ist man dann ja schlauer und sagt sich dann: **Man blos nich an erinnern** (Bloß nicht daran erinnern).

Ein anne Mahmel ham

Streit kommt in der besten Familie vor und da fallen dann manchmal Worte, die man hinterher bereut. Beispielsweise:

Wie das so ist, ein Wort gibt das andere, und flugs hat man den schönsten Streit mit Beleidigungen am Hals ...

Du ...

Drömel	Schlafmütze
Dödel	Dussel
Bagalut	Rüpel
Döösbaddel	Dummkopf
Bambuse	Nichtsnutz

Das Wort **Bambuse** war ursprünglich mal ein Begriff für einen ungelernten Seemann.

Bangbüx	Angsthase
Angsthose	
Dröhnbüdel	Laberkopf
Quarkbüdel	Nörgelheini
Tüffel	Trottel
Trantüte	Langweiler
Hanseatentochter	Leicht arrogante, besserwisserische junge Frau
Klookschieter	Klugscheißer
Spacken	widerlicher Kerl
Aas	unangenehmer Kerl

Du bissoch tüffelich!
Du bist doch tollpatschig!

Und du bissoch pütscherich!
Und du bist doch pingelig!

Un du bissoch überkandidelt!
Und du bist doch überspannt!

Dämlack!	Dussel!
Klappskalli!	Begriffsstutziger Kerl!
Schmachthappen!	Schwächling!
Bissu mall?	Bist du verrückt?

Ach watt, du bissoch selba meschugge!
Ach was, du bist doch selber verrückt!

Du hassoch ein anne Mahmel!
Du hast doch einen an der Marmel!

Kfz-Kennzeichen der umliegenden Kreise ...

Hamburger sind durchaus kreativ im Erfinden von, nun ja, sagen wir es mal freundlich: im Umbenennen von Autokennzeichen.

Natürlich hält sich der Hamburger nicht per se für den besten Autofahrer der Welt, nein, Gott bewahre! Aber wenn ihm jemand ohne HH-Kennzeichen begegnet, noch dazu mit einem Kennzeichen aus der benachbarten Umgebung (Provinz!!) und vielleicht auch noch den allerletzten Parkplatz vor der Nase wegschnappt, dann rutscht ihm oder ihr vielleicht doch ein Vorurteil heraus, wie beispielsweise:

... und die dazu passenden Beleidigungen

PI	Provinzidiot	*Pinneberg*
IZ	Idiotenzone	*Itzehoe*
SE	Schläft ewig	*Segeberg*
WL	Wilder Landwirt	*Winsen/Luhe*
RD	Riesiger Dussel	*Rendsburg*
NF	Nordferkel	*Nordfriesland*
NMS	Nur müde Schleicher	*Neumünster*
HB	Hilfe, Blöde!	*Hansestadt Bremen*

Aber die Provinzler sind ja auch nicht ohne, drehen den Spieß einfach um und titulieren den Hamburger wegen seines HH-Kennzeichens als „Halbes Hirn".

Und pikant wird die Sache sowieso bei NF. Denn dieses Kennzeichen legen sich einige Hamburger ganz gerne zu. Zumindest für den Zweitwagen und zumindest diejenigen, die eine Zweitwohnung auf Sylt habe, der Lieblingsinsel der Hamburger. Denn mit NF-Kennzeichen kommen sie deutlich billiger auf den Autozug nach Sylt. Die Sylter selbst haben nämlich ein NF-Kennzeichen und bezahlen nur einen Bruchteil des regulären Tarifs auf dem Autozug.

Mach kaine Fisimatenten!

Liebe

Lange, sogar sehr lange ist es her, dass französische Truppen mal Hamburg besetzten. genauer gesagt zwischen 1806 und 1814.

Diese Zeit wird noch heute umgangssprachlich als „Franzosenzeit“ bezeichnet und ist nicht in guter Erinnerung geblieben. Viele Menschen verarmten, große Firmen gingen bankrott.

Aber ein Wort hat überlebt, und das kam so: Die jungen Soldaten bändelten natürlich mit dem **Mietjes** (Mädchen) an. Und das klappte trotz aller sprachlicher Unterschiede anscheinend doch. Die Mädchen verstanden die Aufforderung der Franzosen „visitez ma tente“ *(Besuchen Sie mein Zelt)* schon ganz richtig.

Und die Mütter verstanden sie ebenfalls ganz und gar richtig und warnten ihre Töchter deshalb eindringlich:

Dassu mia ja kaine Fisimatenten nich machs!
Dass du mir ja keine Fisimatenten nicht machst!
Dass du mir ja keinen Unsinn machst!

Und heute? Natürlich sucht man sich und findet sich auch. Wozu gibt's schließlich Clubs, Bars, Kneipen, Pinten? Eben. Da wird dann **angebaggat, angegrabn, angemacht** (angebaggert, angegraben, angemacht).

Und genau diese Warnung hat sich bis heute im Sprachgebrauch erhalten: **Mach keine Fisimatenten!** *Wenn das der alte Napoleon wüsste, was von seiner Besatzungszeit geblieben ist!*

Manch ein is aba n büschn krüsch ...
Manch einer ist aber ein wenig wählerisch ...

... da dauert es dann etwas länger. Manchmal holt man sich auch eine Abfuhr, dann ist das holde Weib plötzlich nicht mehr liebreizend, sondern ne **Zicke** *(Ziege)* oder gar eine **Zimtzicke,** sozusagen eine doppelte Ziege, die wegen jeder Kleinigkeit meckert. Oder schlimmer noch, 'ne **Tusse** *(eingebildetes Mädchen)* oder gar eine **Hanseatentochter,** also eine Art Steigerung von „eingebildeter junger Dame".

Hat man sich dann doch gefunden, dann ist die junge Dame meine **Lüdde** (meine Kleine), oder etwas derber: meine **Ische** oder meine **Olle.** Und umgekehrt wird der Mann dann zu **mein Ollen** (mein Alter), oder **mein Heini** (mein Heinrich, wird aber heute weniger gebraucht), **mein Lawa** (mein Lover), mein **Süßa** (mein Süßer), mein **Prinz** oder gar mein **Prinzgemahl** oder auch – etwas distanzierter – **meine Beziehunk** (meine Beziehung).

Und dann wird erst **apgeknutscht** (abgeknutscht), und dann heißt es: **zu mia oda zu dia?** (zu mir oder zu dir?).

Aber vorher muss natürlich die Liebe gestanden werden, und da zeigt sich der Hamburger eher nicht als feuriger Romeo. Schließlich geht man zum Lachen in den Keller und zeigt sich auf Empfängen (Partys) gelöst und nicht betrunken.

Eine Hamburger Liebeserklärung

Duuuu...
Du ...

Jaaaa ...
Ja ...

Weisswas?
Weißt(du) was?

Neee, sachdochmah ...
Nein, sag doch mal ...

Also, wassich sagn wollte ...
Also, was ich sagen wollte

Jaaaaaaaaa...
Ja ...

Ich mach dich.
Ich mag dich.

Jaaaa?
Ja?

Ja, ich mach dich.
Ja, ich mag dich.

Machs mich auch?
Magst du mich auch?

Najaaa, ich mach dich auch.
Naja, ich mag dich auch.

N büschn ...
Ein wenig ...

Abenddämmerung an den Landungsbrücken

Oha, hätte sie doch diesen letzten Zusatz nicht gebracht, denn nun wird's kompliziert! Da öffnet der Hanseat schon mal sein Herz und kriegt fast eine Abfuhr.
Sowasabaauch!

Midn Zampel nachn Hafn

Hafen- und Seemannssprache

Einmal noch nach Bombay, einmal noch nach Shanghai. Einmal noch nach Rio oder nach Hawaii." Hans Albers traf mit diesem Lied den Nerv der Zeit, viele Hamburger Jungs wollten damals als Seemann die Welt erobern.

Manch ein bliep aba doch ann Land und ahbeidede inn Hafn.
Manch einer blieb aber doch an Land und arbeitete im Hafen.

Gab ja auch viel zu tun damals, bevor die **Kontehne** *(Container)* kamen und nicht mehr so viele **Hends** *(Hände)* gebraucht wurden. Und wenn so ein **dicka Pott** (*dicker Pott,* ein großes Schiff) anlegte, dann mussten erst die Festmacher ran.

Tampen *sind Taue,* **Duckdalben** *nennt man eine Pfahlgruppe zum Festmachen von Schiffen.*

Ham die Tampen aussem Wasseh gezogn und dann anni Polleh festgemach. Oda anni Duckdalben.
Haben die Tampen aus dem Wasser gezogen und am Poller festgemacht. Oder an den Duckdalben.

Und dann gingen die **Jan Maaten** (scherzhaft für Seemann) von Bord, aber vorher hieß das: **klah Schiff machn,** *(klar Schiff machen),* also Aufräumen.

Aber das machte meist der **Moses** *(der jüngste Schiffsjunge)*.

Un dann gingas nache Reeperboahn, und da sinse dann afbuddeld.
Und dann ging das zur Reeperbahn, und da sind sie dann abgebuddelt.

afbuddeln: *abtauchen, absaufen (im Alkohol)*

Unn wenn dem Kaptein an annern Tach ein Kuddel Daddeldu fehlte, dann wuhde ain schanghait.
Und wenn dem Kapitän am anderen Tag ein Seemann fehlte, dann wurde einer schanghait.

schanghaien: *(einen Seemann) betrunken machen und aufs Schiff entführen*

Hans Albers auf „seinem“ Platz

Midn Zampel nachn Hafn

Und bevoah dea wieda n klaan Kopp hadde, gingas middn moijen Wind auf große Faaht.
Und bevor der wieder einen klaren Kopf hatte, ging das mit gutem Wind auf große Fahrt.

Aber vorher musste das Schiff noch entladen werden, und das war schwere Arbeit für viele Menschen.

Mann inne Tünn! Wahn das noch Zaidn, assi inn Roadio noch voagelesn ham, wieviel Hafnlöwn sie brauchn tun ann nechstn Tach.
Mann in einer Tonne! Waren das noch Zeiten, als sie im Radio noch vorgelesen haben, wie viele Hafenlöwen (Gelegenheitsarbeiter im Hafen) sie brauchen würden am nächsten Tag.

„Moagn um 6 Uha sechzich Mann
ann Schuppn via“ hieß es dann.
„Morgen um 6 Uhr sechzig Mann
am Schuppen vier“ hieß es dann.

Unn di Hafnlöwn kahm dann midn Zampel
wo das Weckzeuch drinne wah.
Unn auch middi Stulln unn dea Kaffeeteng.
Und die Gelegenheitsarbeiter kamen dann mit ihrem Beutel über der Schulter, wo das Werkzeug drinnen war. Und auch mit den Stullen und der Kaffeekanne.

Ein muscha auch mah Fofftein machen,
muss ein ja mah. Oda ehm ma nach
Tante Meier gehen.
Man muss ja auch mal Pause machen,
muss man ja. Oder eben mal aufs Klo gehen.

An Schuppen vier stand dann der **Viez** *(Vorarbeiter)* und teilte die **Geng vun Schauerloiden** *(Gruppe von Schauerleuten, Stauer und Packer)* ein. Oder der **Baas** *(Boss)*, der hatte noch mehr zu sagen. Und dann wurde **gerödelt** *(hart gearbeitet)*: Schweinehälften rausschleppen, oder Kaffeesäcke stapeln.

Wah haade Ahbeit, brauchsu viel Knöf!
War harte Arbeit, brauchst du viel Kraft!

Und die **schwahze Geng** *(schwarze Gang)* machte den **Schiet** *(Dreck)* weg. Der **Tallymann** *(Kontrolleur)* kontrollierte derweil die Arbeit und machte Kerben in einem Kerbholz für die rausgeschleppten Stücke.

Wie inne Kneipe. Wenn ein da sach: „Oih, Wiat, ich hap kain Geld nich mea, gieps mia noch ain und schreipsas an“, dann gippas eine Keehbe auffem Keehpholz mea.
Wie in der Kneipe. Wenn da einer sagt: „Eh, Wirt, ich habe kein Geld nicht mehr, gibst du mir noch ein und schreibst das an“, dann gibt das eine Kerbe auf dem Kerbholz mehr.

Und vun dahea gippas auch den Schnack „was auffem Keepholz ham“.
Und von daher gibt das auch den Spruch „was auf dem Kerbholz haben“.

Luden-ABC

Kiez-Slang auf der Reeperbahn

Auf dem **Kiez,** wie das Rotlicht-Viertel von Hamburg auch genannt wird, entwickelte sich eine ganz eigene Sprache, der sogenannte **Nachtjargon.** Eigentlich waren es nur einzelne Wörter, die eine sehr spezielle Bedeutung hatten und die nur Eingeweihte verstanden. Insider-Sprech, sozusagen. Verstanden nur von Kellnern, Zuhältern und vielleicht noch von den Prostituierten. Aber nicht von den Freiern. Das waren die Zeiten von Zuhältern mit illustren Namen wie Lackschuh-Dieter, Chinesen-Fritz, Karate-Tommy oder der Nutella-Bande.

Das glitzernde St. Pauli

Luden-ABC

abbalzen	einem Zuhälter eine Prostituierte ausspannen
Ansage machen	jemanden warnen
Asche	Geld
Asphaltnutte	Taxifahrer
Bambule	Streit, Zoff
beschubsen	betrügen
Bordsteinschwalbe	Prostituierte
Bügelschwalbe	Amateur-Prostituierte
brummen	im Knast sitzen
daddeln am Daddelkasten	spielen am Glücksspielautomaten
Delle	Frikadelle
Dampfer	zahlungskräftiger Gast
Engelmacher, Bellmann	Pistole
Hamburger Acht	Handschellen
Heiermannlude	Armer Zuhälter (ohne Geld und Macht)
Fäksel	Kleingeld
Holzpyjama	Sarg
Ische	Frau
kobern	Gäste anlocken
Kippe machen Lampe machen	Beute teilen
Knastpralinen	Frikadellen
für lau	umsonst
Loddl	Zuhälter

Dieser Jargon verlor seine Bedeutung, als die deutschsprachigen Zuhälter (und Prostituierten) langsam aus dem Kiez verschwanden. Ausländische Gangs kamen und beherrschen nun wenigstens Teile des Nachtlebens, und die brachten natürlich ihre eigene Sprache mit. Einige der Begriffe konnten sich aber noch erhalten und fanden Eingang in das alltägliche Hamburgisch.

Lude	Zuhälter
Massel	Glück
mau sein	kein Geld haben, pleite sein
Nahkampfsocken	Präservative
ölen	betrügen
Peterwagen	Polizeiauto
Puffbrause	Sekt
Schutzmann	Polizist
schieko sein	quitt sein
Santa Fu	Hamburger Gefängnis im Stadtteil Fuhlsbüttel
schinschen	tauschen, handeln
Schmiere	Polizei
Sore	Hehlerware, Diebesgut
stickum	heimlich, leise
toffte	gut
Udel	Polizist

Der steht unter Strom!
Der ist gereizt! (auch: betrunken / unter Drogen)

Die Reeperbahn

Auf der Reeperbahn regierte ursprünglich nicht Eros, sondern die **Reepschläger.** Das waren Seilmacher, die Schiffstaue aus Hanf herstellten. Dazu benötigten sie bis zu 300 m lange Bahnen, wo sie ihre Seile spannten und verdrehten. Ganz in der Nähe legten dann auch die ersten Schiffe an, und es kam, wie es halt kommen musste: Matrosen suchten Abenteuer, Hamburger Bürger Abwechslung, und wo eine Nachfrage, da entsteht auch alsbald ein Angebot. Schausteller bauten Buden und Zelte auf, und Ende des 18. Jh. war ein Name für diesen Platz wie aus dem Nichts geboren: Spielbudenplatz. Er heißt noch heute so. Mehr oder weniger geduldet fanden Freier und leichte Mädchen in den Musiklokalen zusammen.

Es gab auch seriöse Lokale, die die Prostitution nicht duldeten. Etwas niveauvoller ging es auch im Café Keese beim „Ball Paradox" zu. Dort forderten Damen die Herren zum Tanz auf. Wer ablehnte, flog raus!

Dann kam die Zeit der St. Paulianer Luden. Da gab es den „Paten von St. Pauli". Es folgten schillernde Zuhältergangs, die auch für reichlich Schlagzeilen sorgten. Da gab es die sogenannte GMBH, die sich so nach den Vornamen ihrer Mitglieder nannte (Gerd, schöner Mischa, Beatle und hundertjähriger Harry). Oder auch die Nutella-Bande, die so genannt wurde, weil die Mitglieder angeblich derart jung waren, dass sie sich noch Nutella aufs Brötchen schmierten. Diese Gangs verschwanden dann irgendwann, ausländische Gruppierungen holten sich ihren Kuchenanteil und bestimmen heute zumindest teilweise das Geschehen.

Die Mitglieder der Nutella-Bande gaben das klassische Bild des Luden ab: Jogginghose, Minipli im Haar, Rolex, dickste Wagen überhaupt und reichlich Muckis.

In den 1990er Jahren kehrten aber auch die Hamburger zurück: Musik-Clubs und angesagte Kneipen machten auf. Speziell in der Großen Freiheit oder auch rund um den Hans-Albers-Platz locken schwer angesagte Bars. Am ehesten findet man noch am Hans-Albers-Platz und am Hamburger Berg typische Pauli-Pinten ohne großes Club-Trara. Dort ist 'ne Pulle Bier immer noch spottbillig. Wer sich da mal reintraut, erlebt ein St. Pauli wie in den Anfangsjahren.

Auf dem Fischmarkt

Keine Frage, der sonntägliche Fischmarkt muss besucht werden, egal, wie lang die Nacht vorher war. Hier gibt es mittlerweile alles, nicht nur Fisch. Ein tolles Spektakel, nur leider muss man sehr früh aufstehen, denn bereits um 10 Uhr ist Schluss!

Der Fischmarkt ist bei Einheimischen und Hamburg-Touristen gleichermaßen beliebt

Der Fischmarkt ist eine Hamburger Institution. Frühaufsteher treffen sich hier mit Übriggebliebenen, die die Nacht auf St. Pauli durchgemacht haben. Er findet jeden Sonntag von 5 Uhr (Mitte November bis Mitte März von 7 Uhr) bis 9.30 Uhr statt, dann ertönt ein Gong und es erklingt Hamburgs Hymne „Hammonia", und der Handel ist vorbei. Früher wollten die Markt-Autoritäten damit den Fischhändlern die Möglichkeit einräumen, rechtzeitig zur Kirche gehen zu können. Heute ist es mehr ein Signal, eine zu lange Nacht ausklingen zu lassen.

Die Stars sind bestimmte Händler, die ein wahres schauspielerisches Talent an den Tag legen. Mit heiserer Stimme krächzt beispielsweise Aale-Dieter von seinem Verkaufswagen hinunter ins Volk: **Aale, Aale, Aale, Aaaale ... Nu' kauf' doch endlich! Ich will doch auch ins Bett!**
Oder Wurst-Willy: **Un' hier noch ne Mettwuast, un' noch ne Blutwuast, un' noch ne Kochwuast!** und stopft alles in eine Tüte. **Kriechst du nich' füa 25 Euro, nich' füa 20 Euro, nich' füa 15 Euro. Nee, die schenk ich dia füa 10 Euro! Los, gip schon her!**

Auch Bananen-Fred ist dabei, schnappt sich eine Staude, pflückt einzelne Bananen ab und schleudert sie in die Menge: **Ahahahaha – hia giepas was umsons! Los Herrschaffdn, ich will's losweden! Hallo! Nehmt schon! Nu mach hinne! Ahahahaha!** und schleudert noch ein paar Apfelsinen hinterher.

Früher plärrte Hans Albers aus schmantigen, verräucherten Eckkneipen „Auf derrr Reeeeperbahn, nachts um halb eins", und der ganze Saal bei „Elbe1", „Eier Koarl" oder „Bernie Fick" schmetterte sofort schunkelnd mit: „ob du'n Mädel hast oder auch keins ...". Das Astra auf dem Tisch hüpfte vor Freude mit, und draußen grinste dich die Sonne an.

Zeittafel: Hamburgs Geschichte

8. Jh.	Hamburg ist eine winzige Siedlung der Sachsen, die vom slawischen Stamm der Abodriten verdrängt werden. Diese errichten eine erste Festung und nennen sie „Hammaburg“.
831	Erzbischof Ansgar kommt zur Hammaburg, um von dort aus den Norden zu missionieren.
845	Wikinger überfallen und zerstören die Hammaburg. Bischof Ansgar flüchtet nach Bremen.
1035	Bau eines steinernen Wehrturms unter Bischof Alebrand. Reste noch im Schauraum neben der St. Petrikirche.
1060	Eine neue Burg entsteht am Alsterufer als weltlicher Gegenpol zur bischöflichen Festung.
1066	Slawische Stämme erobern ein letztes Mal die Hammaburg.
1111	Die Hammaburg (im Weiteren nun „Hamburg“) fällt an die Herzöge von Schauenburg.
1188	Graf Adolf III. lässt einen Markt mit Hafen in der neuen Stadt gründen.
1460	Dänenkönig Christian I. erhält formell die Oberhoheit über Hamburg, da der letzte Schauenburger Graf Adolf VIII. ohne Nachkommen stirbt.
Ende 15. Jh.	Hamburg bekommt das „Erststapelrecht“: Sämtliche auf der Elbe transportierten Waren müssen zuerst auf dem Hamburger Markt angeboten werden!
1528	Die Reformation schwappt auch nach Hamburg. Johannes Bugenhagen, ein Freund von Luther, besorgt die Umsetzung. Hamburg wird evangelisch.
1529:	Bugenhagen gründet die Gelehrtenschule Johanneum, die noch immer existiert.
1558	Eine Börse wird eingerichtet.

1567	Britische Kaufleute werden nach Hamburg gelockt und etablieren sich hier. Noch heute gilt Hamburg als ein wenig (oder sogar ein wenig mehr ...) britisch geprägt.
1600	Hamburg zählt etwa 40.000 Einwohner.
1619	Kaufleute gründen eine Bank und geben die „Marc Banco“ als wertkonstantes Zahlungsmittel heraus.
Mitte 17. Jh.	Hamburg bekommt einen geschlossenen Festungswall und übersteht auf diese Weise auch ganz gut den Dreißigjährigen Krieg.
1676	Nachdem ein Feuer mehrere Häuser zerstört hat, wird die „Hamburger General-Feuerkasse“ als Pflichtversicherung für alle Hausbesitzer gegründet.
1686	Dänenkönig Christian V. belagert Hamburg, nachdem die Hamburger sich geweigert hatten, eine hohe Tributzahlung zu leisten. Die Belagerung ist vergeblich, der Festungswall hält stand.
1712	Hamburg bekommt eine neue Verfassung, die Macht liegt nun hauptsächlich in den Händen von vier Bürgermeistern und 24 Ratsherren.
1786	Hamburg kauft sich endgültig von den Dänen frei und erhält den Titel „Kaiserliche Freie Reichsstadt“.
19. Jh.	Die reichen Kaufleute bauen sich Landsitze außerhalb der Stadt, während die Bevölkerung innerhalb der Stadtmauern zum Teil in drangvoller Enge lebt.
1806	Französische Truppen unter Napoleon besetzen die Stadt und stellen unerfüllbare Forderungen. Durch eine Blockade der Elbe bricht der Handel zusammen.
1813	Die Franzosen fordern im Dezember von allen Hamburgern den Nachweis, dass sie Lebensmittel bis Juli hätten. Wer das nicht kann, muss die Stadt verlassen.
1814	Am 31. Mai ziehen die Franzosen ab, Hamburg ist ausgeplündert.

Zeittafel: Hamburgs Geschichte

1815	Hamburg tritt dem Deutschen Bund bei.
1819	Hamburg erhält den Zusatz „Freie und Hansestadt“.
1842	Am 5. Mai bricht ein Feuer aus, frisst sich durch die Stadt und kann erst am 8. Mai gelöscht werden. Die Bilanz: über 1000 zerstörte Häuser, 20.000 obdachlose Menschen, 51 Tote. Danach wird die Innenstadt völlig neu konzipiert.
Mitte 19. Jh.	Der Handel mit Nord- und Südamerika blüht, auch und vor allem dank der neuen Dampfschiffe. Hamburger Reeder befördern auch Zehntausende Auswanderer nach Übersee. Ein eigenes Auswandererzentrum wird auf der Elbinsel Veddel gegründet.
1861	Die Torsperre wird aufgehoben, vor der Stadt gelegene Gemeinden werden integriert, Hamburg wächst.
1867	Beitritt zum Norddeutschen Bund
1888	Hamburg tritt dem Reichszollgebiet bei, erhält aber das Recht auf einen Freihafen, wo Waren in der völlig neu gebauten „Speicherstadt“ zollfrei gelagert werden können.
1892	Choleraepidemie mit mehreren Tausend Toten durch unhaltbare hygienische Zustände in den Armenvierteln. Zwanzig Jahre später wird das sogenannte „Gängeviertel“ am Hafenrand abgerissen.
1897	Hamburg erhält ein neues Rathaus.
1906	Der Hauptbahnhof entsteht.
Anfang 20. Jh.	Die Innenstadt wird umgestaltet. Das Kontorhausviertel mit gewaltigen Bürokomplexen aus rotem Backstein entsteht, die Mönckebergstraße verbindet Hauptbahnhof und Rathaus.
1911	Der erste Elbtunnel wird gebaut, er heißt heute „Alter Elbtunnel“.
1918	Nach dem Ersten Weltkrieg beklagt Hamburg 40.000 Tote. Die Hamburger Reeder müssen nach dem Versailler Friedensvertrag über 700 Schiffe ausliefern.

1932	Die Massenarbeitslosigkeit trifft auch Hamburg. 173.000 Menschen sind ohne Arbeit.
1932	Die NSDAP marschiert am 17. Mai durch das traditionell „rote" Altona, was zu schweren Kämpfen mit 17 Toten führt. Dieser Tag ist älteren Hamburgern noch als „Altonaer Blutsonntag" ein Begriff.
1933	Die Nationalsozialisten ziehen ins Rathaus ein.
1937	Das Groß-Hamburger-Gesetz wird verabschiedet, die bis dahin eigenständigen Städte Altona, Wandsbek, Harburg-Wilhelmsburg werden eingemeindet. Die Bevölkerung wächst um eine halbe Million.
ab 1941	Etwa 8000 jüdische Hamburger werden deportiert.
1943	Die Alliierten bombardieren Hamburg neun Tage lang und zerstören die halbe Stadt. 35.000 bis 45.000 Menschen sterben.
um 1949	Mehrere Presseorgane werden gegründet, u. a. „Bild", „Spiegel", „Stern" und „Die Zeit".
1957	Die SPD erringt die absolute Mehrheit. Max Brauer wird Erster Bürgermeister.
1962	Eine fürchterliche Nordseesturmflut schwappt auch nach Hamburg (am Ende mit 300 Toten). Nicht der Erste Bürgermeister Nevermann leitet die Rettungsmaßnahmen, sondern der zupackende Innensenator Helmut Schmidt (der spätere Bundeskanzler). Seine tatkräftige und alle Hierarchien ignorierende Koordination haben ihm viele Hamburger bis heute nicht vergessen.
1968	Studentenproteste an der Uni mit dem unvergessenen Plakat „Unter den Talaren der Muff von 1000 Jahren".
1966	Die SPD erzielt bei der Wahl nie wieder erlangte 59 %, Herbert Weichmann wird Bürgermeister. In folgenden Jahren bleibt die SPD an der Regierung, verliert aber immer an Rückhalt in der Bevölkerung, was sich in deutlichen Stimmenverlusten ausdrückt.

Die Köhlbrandbrücke wurde 1974 eröffnet

1974	Die Köhlbrandbrücke wird eröffnet.
1975	Der neue Elbtunnel wird eröffnet.
1978	Es gibt starke Proteste um das Kernkraftwerk Brokdorf (liegt ca. 60 km nördlich von Hamburg).
1982	Erstmals kommen die Grünen (GAL) ins Parlament. Die Mehrheiten sind unklar, deshalb gibt es im Dezember Neuwahlen. Jetzt schafft die SPD 51,3 %.
1988	Bürgermeister Dohnanyi (SPD) scheitert im hoch emotional geführten Konflikt um die besetzten Häuser an der Hafenstraße. Ihm folgt Henning Voscherau, der neun Jahre Bürgermeister bleibt.

1993	Die SPD sackt bei den Wahlen auf 40,4 % ab und müsste eine Koalition mit der GAL (13,5 %) eingehen, was aber nicht klappt. Es kommt zu einem Bündnis mit der neuen STATT-Partei, die aus CDU-Abweichlern besteht.
1997	Die Idee der HafenCity, eines völlig neuen Stadtteils, wird vorgestellt.
2001	Hamburg geht es insgesamt nicht schlecht, aber es gibt auch viele Unzufriedene. Die SPD schafft nur noch 36,5 %, die neugegründete Schill-Partei jedoch 19,4 %. Sie tritt damit in eine Regierungskoalition mit der CDU und FDP. Rot-Grün ist klassisch abgewählt.
2003	Bürgermeister Ole von Beust feuert seinen Stellvertreter Ronald Schill und es kommt zu Neuwahlen. Die CDU erringt 47,2 %, die SPD 30,5 %, die Schill-Partei nur noch 3,1 %. Die CDU und von Beust können unabhängig regieren.
2008	Bei den Wahlen erlangt die CDU 42,6 %, die SPD 34,2 % und die GAL 9,5 %. So kommt es zur ersten schwarz-grünen Koalition auf Länderebene.
2010	Bürgermeister von Beust tritt zurück, nachdem eine geplante Schulreform per Volksentscheid abgelehnt wurde, drei Monate später lässt die GAL die Koalition platzen.
2011	Bei den Neuwahlen fährt die SPD einen deutlichen Sieg ein (48,3 %) und kann alleine regieren. Neuer Bürgermeister wird Olaf Scholz.
2013	Hamburg baut sich mit dem ultra-modernen Konzertsaal „Elbphilharmonie" ein neues Wahrzeichen am Hafenrand. Leider explodieren die Kosten. Die anfänglich geplanten 77 Millionen haben sich mittlerweile verzehnfacht, was zu heftigstem Streit führte.

Der Hamburger Dom lockt dreimal im Jahr auf dem Heiligengeistfeld

Lesetipps

Wer gern noch mehr Hamburgisch lesen möchte, dem seien folgende Werke ans Herz gelegt:

Teilweise ist die in diesen Büchern beschriebene Alltagssprache heute schon in Vergessenheit geraten. Dennoch eine amüsante Lektüre!

Asterix Mundart 38: Hammonia City, Asterix schnackt Hamburgisch.
Ein schöner Spaß, in bester Hamburger Mundart geschrieben. Ehapa Verlag.

Das große Klein Erna Buch.
Klein Erna gilt in Hamburg als Inbegriff einer **plietschen Deern,** die mit Wortwitz, guter Beobachtung und losem Mundwerk den Menschen aufs Maul schaut. Elbsommer-Verlag.

Daniel Tilner: **Hamburger Begriffe von Aalweber bis Zitronen-Jette.**
Humorvoll zusammengestellte Sammlung typischer Hamburger Begriffe, Straßennamen, Stadtteile, Originale. Ellert & Richter.

Peter Schmachthagen: **Sprechen Sie Hamburgisch? Allerlei Begriffe aus der Zeit, als Großmutter 'n lütt Deern war.**
Eine launig geschriebene, umfassende Zusammenstellung von Hamburger Begriffen und Wörtern aus allen Bereichen und vor allem aus der Sprache, die unsere Großeltern gesprochen haben. Hamburger Abendblatt.

Mittlerweile gibt es einen ergänzenden zweiten Band mit weiteren Begriffen.

Kauderwelsch „Dialekt"

Leute kennen lernen und einfach loslegen: Sprechen

M. Thiergart
Kölsch
ISBN 978-3-89416-305-1

S. Kohls
Berlinerisch
ISBN 978-3-89416-508-6

R. Kölbl
Bairisch
ISBN 978-3-89416-306-8

K.-H. Henrich
Ruhrdeutsch
ISBN 978-3-89416-555-0

K. Werner, E. Bendixen
Sächsisch
ISBN 978-3-89416-264-1

A.Schwarz, S. Burger
Schwäbisch
ISBN 978-3-89416-327-3

www.reise-know-how.de

Wörterliste

Diese Liste enthält knapp 700 Wörter, die in diesem Buch vorkommen, mit der dazugehörigen Seitenzahl.

A

B

D

E

H

I

J

K

L

M

N

O

P

Der Autor

Als Fründt noch als kleiner **Buttscher** *mit seiner Fußballmannschaft nach Hamburg zum Spiel fuhr, lästerten die Hamburger immer über die „Jungs vom Dorf". Und noch mehr, wenn sie den Weg zum Rückspiel antreten mussten. Dann waren sie aber doch ganz froh, endlich mal auf einem Rasenplatz spielen zu dürfen.*

Hans-Jürgen Fründt wuchs im Hamburger Umland auf, in der heute so genannten „Metropolregion Hamburg". So wird freundlicherweise heute ein Teil der Hamburg umgebenden Randgebiete genannt. Da zeigt sich der Hanseat mal großzügig. Das war früher nicht immer so. Da sagte man ganz direkt: „Provinz". Und so fielen dem damals noch sehr jungen späteren Autor die ersten Unterschiede auf, trotz der räumlichen Nähe. Später entdeckte er dann auch die sprachlichen Unterschiede. Was fast noch ein wenig mehr faszinierte, denn das richtig breite Hamburgisch flacht in den Randgebieten schon ziemlich ab.

Aber wenn der Autor sich mal selbst (sprachlich) beobachtet, stellt er doch mit einigem Erstaunen fest, wie viel vom Wortschatz und auch von der Sprachmelodie Hamburgs den Weg bis ins nahe Umland gefunden hat. Fründt lebt nach einem wohnlichen Abstecher nach Madrid heute wieder im Hamburger Randgebiet und schreibt hauptberuflich Reiseführer zu seiner Heimat Schleswig-Holstein und zu seiner zweiten Heimat Spanien. Und natürlich auch über Hamburg.